WESTEND

Rainer Hunold

ich bin nun mal dick

Ein Wohlfühlbuch

WESTEND

Mehr über unsere Autoren und Bücher:
www.westendverlag.de

Die Deutsche Bibliothek verzeichnet diese Publikation in der Deutschen
Nationalbibliografie. Detaillierte bibliografische Daten sind im Internet
über http://dnb.ddb.de abrufbar.

FSC
Mix
Produktgruppe aus vorbildlich
bewirtschafteten Wäldern und
anderen kontrollierten Herkünften

Zert.-Nr. GFA-COC-001262
www.fsc.org
© 1996 Forest Stewardship Council

ISBN 978-3-938060-27-8
© Westend Verlag Frankfurt/Main
in der Piper Verlag GmbH, München 2009
Satz: Fotosatz Amann, Aichstetten
Druck und Bindung: Pustet, Regensburg
Printed in Germany

Für Harald (1995–2008).
Du warst der tollste dicke Hund der Welt.

Inhalt

»How come a fat ugly guy like you gets all the action?«
»It's because of the buttermilk I put on my waffles.«

Charles Bukowski, Pulp

Vorwort

Ich bin nun mal dick. Na und? Seit meiner Kindheit habe ich Zeit gehabt, mich daran zu gewöhnen, dass dicke Menschen mit dieser seltsamen Mischung aus Ekel, Mitleid und Geringschätzigkeit im Blick angestarrt werden. Früher hat mir das wehgetan, und ich habe versucht, mich für mein Äußeres zu rechtfertigen. Zu rechtfertigen? Ich glaube, »zu entschuldigen« wäre die ehrlichere Beschreibung. Ja – ich hatte permanent das Gefühl, mich dafür entschuldigen zu müssen, dass ich anders aussah als die Mehrzahl meiner lieben Mitmenschen. Ich war nicht »in Form« für das Leben, das um mich herum gelebt wurde. Ausgegrenzt wegen Übergröße. Hier kommst du nur ohne Bauch rein, Dicker, Spaß gibt's nur bis Konfektionsgröße achtundvierzig. Hau ab, Fatty, wir wollen unter uns sein in unserer schönen schlanken Welt!

Als Fremdkörper unterwegs zu sein im Regime der Schlanken sorgt für manche Schramme auf der Seele. Aber es hat auch Vorteile. Distanz ist eine gute Position, um einen Überblick zu bekommen. Über das, was mir wirklich wichtig ist, und über das, was das Thema »Schlank« auch ist: Dogma, Fetisch, Hoffnung, Betrug.

Arme schlanke Welt, du dauerst mich.

Ach was, mich dauert gar nichts bei diesem Thema, aber da kommt eben immer so was Wehleidiges rein, wenn man über Randgruppen redet. Ehrlich – mir ist das Thema dick und dünn mittlerweile so wurscht wie der Reispreis in Manila. Ich hatte und habe ziemlich viel Spaß in meinem Leben, unabhängig von meiner Konfektionsgröße. Wie bitte? Warum ich ein Buch geschrieben habe über ein Thema, das mir wurscht ist? Ganz einfach: Mein Verleger hielt das für eine gute Idee. Und mein Verleger muss es wissen: Er ist schlank.

1
Dick ist gut

Was meinen Sie? Dünn ist gut? Träumen Sie weiter: Dick ist gut! Fett sogar noch besser. Zumindest in der Sprache. Ein dicker Kuss lässt ja wohl eher auf Zuneigung schließen als ein dünnes Lächeln. Fette Beute macht froh, ganz im Gegensatz zu dürren Argumenten. Sind zwei dicke Freunde, finden wir das großartig. Kein Zweifel: Ein dickes Ding nötigt uns Achtung ab, so wie ein dicker Fisch an der Angel nicht nur Angler glücklich macht. Macht Sie ein dickes Lob etwa nicht zufriedener als eine schmale Brieftasche? Wissen Sie etwa nicht mehr, wie Sie von der Stulle »mit dick Butter drauf« getröstet wurden, als Sie ein kleines Kind waren? Schmalhans war da ganz bestimmt nicht Küchenmeister. Aber wie Sie damals unbedingt das fette Grinsen Ihres zufriedenen Säuglings fotografieren mussten – daran erinnern Sie sich doch noch? Und wie Sie sich geärgert haben, als bei Ihrem Nachbarn plötzlich so ein dickes Auto vor der Tür stand?

Sie können das ruhig zugeben, wirklich, das ist nicht schlimm, ich kenne das auch, plötzlich merkt man, dass man neidisch ist auf etwas … Dickes.

Ist doch auch nachvollziehbar. Wer findet Dünnbrettbohrer schon attraktiv?

Na also, wir verstehen uns. Und mal so ganz von Mann zu Mann, hört ja gerade keiner zu, mit dicken Eiern durch die Welt zu toben ist ja nun wirklich geiler, als schmalbrüstig hinterm Ofen zu hocken. Apropos – hast du gestern die Fernsehmoderatorin gesehen? Was die für dicke Dinger hat – hammermäßig!

Dick im Geschäft zu sein – wer würde das bezweifeln – macht deutlich mehr Freude, als zu hören, dass der Betrieb im Rahmen der nötigen Umstrukturierung verschlankt werden muss. Da kann man nur hoffen, nicht ohne fette Abfindung gehen zu müssen. (An dieser Stelle die besten Wünsche für alle stark ausgedünnten Rest-Belegschaften.)

Wie wir wissen, sind in der Landwirtschaft fettes Gras und fette Böden sehr beliebt. Über den IQ des Bauern, der immer mit den dicksten Kartoffeln auf dem Markt abhängt, müssen wir uns an dieser Stelle aber keine Gedanken machen. Schon eher darüber, dass dicker Spargel auch in diesem Jahr wieder deutlich mehr kostete als dünner Spargel. Pro Kilo natürlich, nicht etwa pro Stange, hallo, für wie blöd halten Sie mich eigentlich?

Dass ich gerade etwas schmallippig wirke, liegt an meiner hohen Sensibilität, da ist man natürlich sehr viel schneller genervt als diese Buddha-Typen mit dem dicken Fell, die gehen nicht so schnell an die Decke. Aber als Sensibelchen ist man eben auf ziemlich dünnem Eis unterwegs, also sozial gesehen. Wenn man da nicht aufpasst und zu oft an die Decke geht, wird auch die Luft ganz schön dünn, was die Beliebtheit bei Freunden angeht. Bloß gut, dass man mit einem dicken Blumenstrauß die Sache meistens wieder gerade rücken kann. Wobei dicke Blumensträuße natürlich nur möglich sind, wenn man entsprechend dicke Kohle hat, ein mageres Konto wäre da eher hinderlich.

Und so weiter und so weiter. Dickes und Fettes sind in der Sprache deutlich häufiger positiv besetzt als Dünnes, Dürres und Mageres. Seltsam, oder? Schließlich leben wir in einer Welt, in der dicke Menschen keine guten Karten haben. Dick zu sein heißt in der Regel, von seinen Mitmenschen als disziplinlos, willensschwach, nicht durchsetzungsfähig und unattraktiv wahrgenommen zu werden. Dick – ein ganz großes Pfui in der Welt der Schönen und Dünnen. Einer Welt, die vor allem von den nicht ganz so schönen und dünnen Konsumenten bunter Blätter und bizarrer Casting-Shows bis aufs Messer verteidigt wird.

Hochwillkommen bei diesen selbsternannten Koryphäen idealer Figuren und Gewichte sind alle, die durchfallen in den Disziplinen rigoroser Eitelkeit und seelenlosen Körperkults. Sind sie doch wunderbare Hass- und Ekelobjekte. Ihre scheinbar unüberwindbare Entfernung vom Ideal lenkt wohltuend davon ab, dass der eigene Körper von der totalen Deckungsgleichheit mit einem Heidi-Klum-Modell leider etliche Zentimeter und Kilos getrennt ist. Schade, nicht so ganz vollkommen zu sein, aber was sind schon ein paar Zentimeter gegen die Lichtjahre, die einen XXL-Körper von Größe vierunddreißig unterscheiden?

Der Zeigefinger wird gern und schnell ausgestreckt. »Zeigt euch, Dicke – wir wollen uns gruseln und gut fühlen. Gruseln vor eurer Masse, gut fühlen, weil wir auf dem richtigen Weg sind. Zeigt euch, damit wir uns anschauen können, was wir nie-nie-nie sein wollen. Seid unser Spiegel, damit wir uns schön fühlen können, überlegen, wunderbar und der Vollkommenheit so nah.«

Fast scheint es, als hätten Dicke eine gesellschaftliche Aufgabe. Ombudsmann und Ombudsfrau im permanenten Streit zwischen Selbstbild und dem von den Medien präsentierten

Idealkörper, millionenfach ausgetragen in den Köpfen verunsicherter Frauen und Männer, die in ihrem Portfolio existentiell wichtiger Marken – Lacoste, Boss, Polo, Hilfiger und wie sie alle heißen – die Götzen »schlank« und »schön« als Tempelwächter installieren.

Der Schmerz, den die Abweichung des eigenen Spiegelbildes vom Fernsehbild des Supermodells verursacht, wird durch den Anblick dicker Menschen gelindert. Beschwichtigender, aufbauender Ekel hilft, den eigenen Makel zu ertragen.

Dünne, wir lieben euch, wir sind dankbar für die grandiose Aufgabe, die ihr uns stellt, für das wundervolle Lebensgefühl, dass uns der nicht enden wollende Abruf unserer unerschöpflichen Empathieressourcen vermittelt. Ja, wir sind gern der grazile Vogel, der dem fetten Krokodil das Ungeziefer aus der schartigen Haut pickt.

Aber leider stimmt das Bild nicht. Ihr seid dünne Krokodile, wir sind fette Vögel. Und darum gibt es zwischen uns auch keine der im Tierreich so segensreichen Symbiosen. Schade. Unser Zusammenleben wäre sicher angenehmer.

Wobei Dicke eigentlich gar kein Problem haben mit Dünnen. Probleme haben Dicke nur mit der Reduzierung ihrer Person auf das Dicksein. Es geht nur noch darum. Ein Blick genügt. Dick? Alles klar.

Kein Dünner wird derart in einer Schublade verstaut. Und die Schublade wird immer voller. Antriebsschwach. Unbeweglich. Langsam. Unsexy. Verfressen. Suchttyp. Nicht belastbar. Unsportlich. Dick eben.

Und die Dünnen? Dünn sieht man auch auf den ersten Blick. Aber das heißt diesmal nicht, dass Schluss ist mit der Wahrnehmung. Bei Dünnen hält man es für möglich, dass neben dem Dünnsein noch andere Eigenschaften vorhanden sein könnten. Dicke sind dick. Und zwar ausschließlich. Dünne können außer dünn auch noch unbeweglich oder supersport-lich sein, aufgedreht oder antriebsschwach, charmant oder stoffelig, humorvoll oder stinkstiefelig, sexy oder uninteres-sant, energiegeladen oder couchkartoffelig, intelligent oder doof wie Brot. Dünne dürfen alles sein. Dicke nur dick.

Das ist wie mit den Auto- und den Motorradfahrern. Ein Au-tofahrer, der riskant fährt und sich nicht an die Verkehrsregeln hält, ist für die anderen Verkehrsteilnehmer ein Idiot. Also ein Einzelwesen, das sich schlecht benimmt. Kommt eben vor.

Fährt hingegen ein Motorradfahrer riskant und ohne Ver-kehrsregeln zu beachten, wird er nicht als Person beschimpft, sondern stellvertretend für eine ganze Bevölkerungsgruppe: »Diese Idioten, die haben doch alle ein Rad ab, Scheißmotor-radfahrer!«

Dicke sind so etwas wie die Motorradfahrer des Sozialver-kehrs. Dünne die Autofahrer. Der Anblick eines anorektischen jungen Mädchens löst Mitleid für genau diese Person aus. »Das arme Kind sollte aber wirklich mehr essen. Haben die Eltern keine Augen im Kopf?« Wagt sich hingegen ein stark überge-wichtiger Junge ins Blickfeld, ist ganz sicher kein Mitleid an-gesagt. »Wahnsinn, es gibt wirklich immer mehr fette Kinder. Warum machen die eigentlich alle keinen Sport? Haben die keinen Spiegel zu Hause?«

Das ist nicht fair. Auch Dicke haben ein Recht auf individu-elle Wahrnehmung. Finde ich. Aber wen interessiert das schon? Die Welt besteht aus zwei Lagern, schwarz und weiß reichen als Farben völlig aus. So lebt es sich prima, und bitte keinen Stress, die ganze Diskutiererei bringt doch eh nichts.

Dick und sexy? Haha, Märchen lese ich schon lange nicht mehr. Dünn und langweilig? Können ja nicht alle Stimmungs-kanonen sein, aber der Arsch ist doch geil, oder? Dick und be-lastbar? Ach komm, der schwitzt doch schon, wenn er sich ein

Papiertaschentuch aus der Tüte zieht. Dünn und unsportlich? Na und – muss doch nicht jeder Weltrekord laufen können.

So ist die Welt. Wenn Dünne irgendetwas nicht können, wird mit Verständnis reagiert und betont, dass das doch gar nicht so wichtig sei. Können Dicke irgendetwas nicht, wendet man sich mit Abscheu ab und hat schon immer gewusst, dass Dicke außer fressen und schlafen eben nichts richtig können.

Dick ist eben unattraktiv. Sie nicken? Aha. Und wann waren Sie das letzte Mal in einem Zoo?

Zoologische Gärten und Tierparks sind gute Plätze, um die Qualität dieser Aussage zu überprüfen. Achten Sie doch mal darauf, vor welchen Gehegen die meisten Menschen stehen. Sind es die der Gazellen? Oder der Zwergwachteln? Falsch, ganz falsch. Interessant wird's bei den dicken Tieren. Elefanten und Bären etwa. Da steht das geneigte Publikum und erfreut sich am Anblick schierer Masse. So etwas wie Wohlbehagen ist zu spüren, ein Grundvertrauen in die Ordnung der Welt scheint sich beim Anblick tonnenschwerer Dickhäuter und zotteliger Schwergewichte beruhigend in den Köpfen der Betrachter auszubreiten. Ein dünner Elefant? Skandal! Ein magerer Bär? Der ist doch bestimmt krank. Ein Walross mit schlanker Taille, ein Nashorn, bei dem man die Rippen zählen kann? Igitt! Kriegen die etwa nicht genug zu fressen?

Dick macht eben was her, dick liegt vorn. Jedenfalls bis zum Ausgang. Komische Welt, so'n Zoo, das müssen Sie zugeben. Oder ist die Welt auf der anderen Seite des Zaunes komisch?

Sie können ja mal darüber nachdenken, wenn Sie mögen. Ich will ja gar nicht, dass Sie ab sofort Dicke ganz toll finden. Ich fände es nur schön, wenn Sie nach dem ersten Blick auch einen zweiten riskieren würden. Glauben Sie mir, es gibt viel zu entdecken. Mindestens so viel, wie Sie bislang bei Dünnen entdeckt haben. Das war nicht wenig. Habe ich recht?

2
Vorbei, vorbei – kein dummes Wort

Gestern Abend habe ich es endlich geschafft. An der Tankstelle habe ich vier Mignon-Batterien gekauft. Eigentlich wollte ich das schon vor ein paar Wochen erledigen, aber jedes Mal, wenn ich einkaufen war, habe ich es vergessen. Das ist typisch für mich. Ich bin eben kein Notizblocktyp.

Mein Handy hat so eine Art virtuellen Einkaufszettel, das ist ein kleines Programm mit dem vielversprechenden Namen »Shopper«. Ich trage da auch manchmal etwas ein, zum Beispiel vor circa vier Wochen »Mignon-Batterien«. Aber ich vergesse dann ganz schnell, dass ich etwas eingetragen habe. Ein, zwei Tage lang fällt mir zwischendurch immer mal wieder ein, dass ich bei Shopper eingetragen habe, was unbedingt besorgt werden muss – zum Beispiel Mignon-Batterien –, und dann denke ich jedes Mal, dass ich das Programm doch eigentlich gar nicht brauche, weil mir das, was ich notiert habe, ja auch so eingefallen ist. Das passiert aber immer in Situationen, in denen es schwierig ist mit Einkaufen, im Flugzeug zum Beispiel oder wenn ich angstschweißig bei unserer netten Zahnärztin auf dem Folterstuhl liege. Und dann fällt es mir irgendwann gar nicht mehr ein, weder, dass ich etwas eingetragen habe, noch was ich einkaufen muss.

Hirnrissig, so ein sinnloses Programm mit sich herumzuschleppen, nichts als Müll auf der Festplatte.

Äh – haben Handys Festplatten? Egal, irgendeinen Speicher wird es wohl haben, und irgendwo liegt das Programm halt rum und macht Versprechungen, die es nicht halten kann. Ärgerlich. Nicht zu Ende gedacht. Hätte es nämlich eine Funktion, die mich daran erinnert, Mignon-Batterien einzukaufen, wäre es eine echte Hilfe. Und ich würde ruckzuck zum bekennenden Shopper-Fan. Doch so gut ist Shopper leider nicht.

Aber vielleicht tue ich dem Programm ja auch furchtbar unrecht. Es könnte ja – theoretisch – auch so sein, dass diese wunderbare Zusatzfunktion vorhanden ist, ich aber zu blöd bin, sie zu aktivieren. Aber das kann ich mir eigentlich nicht vorstellen.

Meine Frau hingegen ist sich absolut sicher, dass diese Zusatzfunktion vorhanden ist und ich nur mal wieder zu blöd bin, sie zu aktivieren.

Nachschauen will sie aber nicht. Sie sagt, ich sei schließlich erwachsen, und bei dem Handy mit dem Programm Shopper handele es sich ohne jeden Zweifel um *mein* Handy.

So ist sie. Es gibt sicher viele Gründe, warum wir seit siebenundzwanzig Jahren zusammen sind. Aber manchmal fällt mir nicht ein einziger ein. Als es um Shopper ging, war es mal wieder so weit. Ich habe ein konkretes Problem und werde damit total allein gelassen. Und dann muss ich mir auch noch anhören, dass das Problem nicht durch mein Handy verursacht wird, sondern von meiner Unfähigkeit herrührt, das blöde Ding richtig zu bedienen.

So etwas macht verdammt einsam, das kann ich Ihnen sagen. Und warum, bitte schön, hat sie damals »ja« gesagt, als der Typ auf dem Standesamt die Stelle mit den guten und den schlechten Zeiten vorgelesen hat?

Da kommt man schon ins Grübeln, wofür so eine Beziehung

eigentlich da ist. Zum Glück musste keines unserer Kinder an diesem Tag für die Schule eine Erörterung über Vor- und Nachteile des Singlelebens schreiben. Ich fürchte, ich wäre ein ziemlich parteiischer Ratgeber gewesen. Wahrscheinlich hätte ich die seelische Gesundheit eines Schutzbefohlenen gefährdet, seine Entwicklung zu einem freien sozialen Wesen beeinträchtigt, das potentielle Interesse am gesellschaftlichen Modell »Familie« im Keim erstickt und damit meine eigene Rente wackeln lassen. Und das alles nur, weil ich beiläufig eine klitzekleine Bemerkung über ein insuffizientes Handyprogramm gemacht habe. Unglaublich.

Hören wir lieber auf mit dem Thema. Es bringt nichts. Frauen sind irgendwie anders. Und meine Batterien habe ich ja gestern an der Tankstelle gekauft, alles in Ordnung also, ich komme auch ohne fremde Hilfe klar.

An der Kasse hat der Mann vor mir mindestens acht von diesen ganz fetten, runden Kofferradiobatterien für seine riesige Maglite-Taschenlampe gekauft. Mehr war nicht nötig. Ich habe mich daraufhin sofort daran erinnert, dass ich Batterien brauche, für mein Alter bin ich halt noch ziemlich wach in der Birne. Als ich dran war, habe ich ganz cool meine vier Mignons geordert, und die Sache war vom Tisch.

Es war auch nicht wirklich dringend, ich habe die Batterien nicht für mein Hörgerät gebraucht. Erstens habe ich keins, und zweitens sind Batterien für Hörgeräte vermutlich deutlich kleiner. Die Batterien brauchte ich für meine Waage im Badezimmer.

Ich habe mich also mindestens vier Wochen nicht gewogen. Ich erwähne das nur, weil im Leben eines Dicken mehrwöchiges Nichtwiegen normalerweise auf den Ausbruch von Anarchie hindeutet, auf Selbstaufgabe, akute psychische Krisen, Verweigerung, Verzweiflung, Depression.

Der tägliche Blick auf das Waagendisplay wird gestrichen, weil der Schmerz, den der Anblick des zu Zahlen geronnenen eigenen Versagens auslöst, unerträglich geworden ist.

Die Befreiung vom Terror des Wiegens tut gut. Das permanente Back-up von Waage und Gehirn ist unterbrochen, das innere Auge wird nicht mehr mit aktuellen Gewichtsständen versorgt, die unablässig am Rande des Gesichtsfeldes flimmern wie im Fernseher die Börsenkurse bei ntv.

Leider ist die Erleichterung nicht von Dauer. Die Zahlen nicht mehr zu sehen, heißt nicht, dass es sie nicht gibt. Sich nicht zu wiegen bedeutet nicht, dass man kein Gewicht hat. Momente trügerischer Freiheit. Spielt das Spiel ohne mich, mir ist mein Gewicht egal.

Die Erkenntnis, dass sich die Behauptung nicht halten lässt, kommt schnell. Zweifel an der Verweigerung. Die mutige Entscheidung beginnt zu wanken. Die Waage ist nicht nur schlecht. Sie kann auch gut sein. Sie kann mir zeigen, dass ich abgenommen habe. Wie soll ich ohne sie merken, dass ich Gewicht verloren habe?

Das Herumschleichen um die Waage beginnt. Sie wird zum lockenden Fetisch. Komm, ich zeige dir, dass du abgenommen hast. Es muss ja nicht viel sein, fünfhundert Gramm vielleicht, ein Kilo, das wäre so toll. Ein Anfang, der mir zeigt, dass ich es schaffen werde. Es kann sehr gut sein, dass ich abgenommen habe, so richtig viel habe ich doch gar nicht gegessen in der letzten Zeit …

In der Sonne schmelzende Butter ist ein schönes, nahrhaftes Bild für das Nachlassen des Widerstandes. Aus Tagen werden Stunden, aus Stunden Minuten, schließlich gibt es keine Abstände mehr zwischen den Momenten, in denen die Waage bestimmender Teil des Denkens ist. Nur noch wiegen, wiegen, wiegen im Kopf.

Dann liegt die Kleidung auf den Fliesen des Badezimmers. Mit nacktem Zeh das zärtliche Antippen des Einschaltknopfs. Sei gut zu mir, Waage, bitte. Die Waage bereitet sich vor. Im Display leuchten null Komma null Kilogramm auf. Hoffnung. Mit geschlossenen Augen der feste Schritt auf die gummierte Standfläche. Es ist wie ein Verlassen der Welt. Dröhnende Stille in Erwartung des Urteils. Mit geneigtem Kopf das vorsichtige Öffnen der Lider. Zahlen in hartem Schwarz stehen unbeweglich im erleuchteten Display. Kein Atmen mehr zu hören. Ich habe zugenommen.

Jetzt ist es gut, wenn das nähere Umfeld des gedemütigten Dicken gerüstet ist für einen Katastropheneinsatz. Die ganz dicken Empathiebomben sind zu zünden. Trost, Ablenkung, erprobte Sätze aus dem Ich-mag-dich-so-wie-du-bist-Fundus.

Ein gestrandetes Wrack muss geborgen werden. Alle wissen, es wird dauern, bis der verdunkelte Himmel einen ersten dünnen Lichtschein durchlässt. Alltag.

Zu dramatisch? Sie haben ja keine Ahnung. Aber machen Sie sich bitte keine Sorgen um mich. I have no stakes in this game, wie die Amerikaner so schön sagen. Ich bin seit ein paar Jahren draußen aus dem Kreis der Hardcorewieger.

Hoppla – fast hätte ich geschrieben: »clean«. Kann das sein? Wiegen als Sucht? Keine Ahnung, ob es so etwas gibt. Wahrscheinlich ist die Waage eher ein Instrument der Hoffnung und der Verzweiflung, vielleicht sogar der Bestrafung, wenn man masochistische Anteile hat. Belohnung gehört nicht in diese Reihe, finde ich, weil Gewichtsabnahme als Folge einer Diät bei Dicken in der Regel eine sehr kurzlebige Angelegenheit ist.

Für mich sind Waagen mittlerweile nur noch nützliche Geräte für kochende Menschen. Es gibt wirklich fabelhafte Modelle, klein, unauffällig, schräg designt in leuchtenden Farben.

Unersetzlich, wenn man sich an engagierte Patisserierezepte wagt. Da ist nämlich nichts mit »mal so eben über den Daumen geschätzt« zu erreichen, wenn das Parfait von weißer Schokolade nicht schmecken soll wie ein Pudding aus der Tüte.

Dass ich trotzdem manchmal auf die Waage in unserem Badezimmer steige, hat mehr mit Sentimentalität zu tun als mit Gewichtskontrolle. Die angezeigten Zahlen interessieren mich schon lange nicht mehr. Wenn ich etwas gelernt habe in den Jahrzehnten meiner persönlichen Diätkarriere, ist es die banale Erkenntnis, dass mein Körpergewicht schwankt. Um ungefähr zehn Kilogramm. Ohne Diät, wohlgemerkt. Ich mache schon lange keine Diäten mehr.

Wenn Sie wissen wollen, wie viel ich wiege, kann ich auf eine Waage steigen und Ihnen den aktuellen Wert mitteilen. Wollen Sie mein Gewicht wissen, kann ich Ihnen ein Gewichtsspektrum nennen, in dem ich mich bewege. Plus/minus zehn Kilo eben. Ein bisschen wie Ebbe und Flut. Da regt sich ja auch keiner drüber auf. Flut ist bei mir immer dann, wenn ich viel drehe und auf schlechtes Catering angewiesen bin. Stress sorgt bei mir auch für Hochwasser. Ebbe ist, wenn ich entspannt bin, Zeit für mich habe und reise. Nach einer längeren Motorradreise durch warme Länder ist Niedrigwasser angesagt – und wie, da muss man ganz schön weit laufen, bis man schwimmen kann. So ist das bei mir. Eigentlich ganz einfach, oder? Und weil bei mir wie wohl bei den meisten Menschen im Laufe eines Jahres alle Phasen vorkommen – viel Arbeit und Stress, entspannter Urlaub und kein Stress –, kommen bei mir im Laufe eines Jahres eben auch alle Gewichtszustände innerhalb meines persönlichen Spektrums vor.

Ergänzt wird dieses vertraute Auf und Ab durch die reizende Anteilnahme meiner Mitmenschen. Hast du abgenommen? Mhm. Na, wieder zugelegt? Mhm.

Seit Jahren also keine böse Überraschung mehr, wenn ich mal wieder auf der Waage stehe. Die Zahlen sind wie gute alte Freunde, die man ein paarmal im Jahr trifft, das Gefühl beim Rauf- und Runtersteigen ist das großer Gelassenheit.

Ich bin zufrieden. Dick und zufrieden. Ein wunderbarer Zustand.

Das war nicht immer so. Durch Diäten habe ich im Laufe meines Lebens mehrere Zentner ab- und wieder zugenommen. Zentner, ja. Begleitet von Schuldgefühlen, Euphorie, Scham, Depressionen, Hoffnung, Wut und Verzweiflung. Ein ständiges Auf und Ab meiner Seele. So viel Stress, dass meine Herzkranzgefäße eigentlich aussehen müssten wie die verkalkten Waschmaschinenrohre in der Calgon-Werbung. Tun sie aber nicht. Ich hab wohl noch rechtzeitig die Kurve gekriegt.

Die erste Diäterfahrung habe ich vor etwa dreißig Jahren mit der Atkins-Diät gemacht. Ein paar Monate keine Kohlehydrate, nur Eiweiß. Begleitet von Mundgeruch, der Fliegen tot vom Himmel fallen ließ. Und schon zeigte die Waage fünfundvierzig Kilo weniger an. Wow! Applaus von allen Seiten, Jeansgrößen, die ich vor der Diät in der Kinderabteilung vermutet hätte. Eintauchen in die Welt der Normalgewichtigen. Was auch heißt, eintauchen in die Welt der Normalessenden. Also nicht nur Fleisch und Käse und Eier, sondern auch – endlich wieder – Brot, Nudeln, Reis, Kartoffeln. Und Kuchen. Und Schokolade. Und Eis. Wie alle anderen auch.

Vielleicht ein bisschen mehr als alle anderen, schließlich hatte ich lange auf diese Köstlichkeiten verzichtet und jeden Grund, mich zu belohnen.

Nach einer Woche musste ich an meinen Hosen den obersten Knopf offen lassen, wenn ich schmerzfrei am Tisch sitzen wollte, nach drei Monaten wog ich fünf Kilo mehr als zu Beginn der Diät. Dumm gelaufen.

In der Euphorie des Abnehmens hatte ich lustvoll meine zu weit gewordenen Klamotten in den Containern der Kleidersammlungen versenkt. Nie, nie wieder würde ich derartige Größen brauchen.

Von wegen. Gedemütigt und verzweifelt über mein eigenes Versagen schlich ich los und kaufte die vertrauten großen Größen. Ich wusste noch, wo in den Läden ich zu suchen hatte.

Die Schramme auf der Seele war tief. Ich hatte versagt. Und dabei hatte ich doch mir und allen anderen bewiesen, dass es möglich ist. Plötzlich sah ich aus wie die anderen, nickte bestätigend zu der schulterklopfend vorgetragenen Feststellung, »so« doch viel besser auszusehen und mich »so« – »na komm, sei doch mal ehrlich!« – auch viel besser zu fühlen. Was für ein Erfolg. Was für ein Absturz. Wie konnte ich nur so blöd gewesen sein.

Meine Selbstachtung verschwand im tiefsten aller tiefen Keller. Verlegen lügend murmelte ich, nur vorübergehend für eine wichtige Rolle wieder zugenommen zu haben, danach würde ich ganz schnell wieder abnehmen, klar doch, Ihr habt ja gesehen, dass ich das kann.

Die Welt würde wieder in Ordnung sein, ganz bestimmt.

An dieser Stelle hatte ich nicht aufgepasst. Ich war nicht ehrlich mir selbst gegenüber. Und den anderen gegenüber nicht mutig genug. Warum habe ich mir damals nicht eingestanden, dass Dünnwerden eine interessante Erfahrung ist, Dünnsein hingegen auch nicht ansatzweise die sensationelle Lebensqualität bietet, die von den Angehörigen des »Schlank-ist-schön-schlank-ist-gut«-Ordens so vehement und unerbittlich besungen wird?

Eine konkrete Antwort auf diese Frage weiß ich nicht. Vermutlich hat mein Selbstwertgefühl nicht gereicht, Widerstand zu leisten gegen die brutale Doktrin der Dicken-Ausgrenzer.

Mein erstes Abschreiten der U-förmigen Diätkurve – steil nach unten, glücksschwangeres Plateau, dann unerbittlich steil zurück nach oben – hat mich nicht gewarnt vor der Diätfalle. Ich bin wieder reingestolpert. Und wieder und wieder.

Der Weg ist das Ziel? Zynisch, aber wahr vor dem Hintergrund einer opulenten Diätindustrie, die dicke Menschen unnachgiebig hofiert. Nicht dauerhafter Gewichtsverlust ist das Ziel, sondern permanente Diät. Welche auch immer.

Die entsprechenden Wanderkarten sind überall im Angebot.

Bei Amazon zum Beispiel habe ich heute Morgen unter dem Suchbegriff »Diät« fünftausendvierhundertzwei Titel gefunden. Nach dem ersten Schreck habe ich den Unterbegriff »abnehmen« benutzt. Das Ergebnis war zum Glück deutlich übersichtlicher: eintausendvierhundertsechzig Bücher. Da kann man doch nicht meckern.

Als abnehmbereiter Dicker wird man mit seinem Problem also nicht allein gelassen. Man hat die Wahl. Und wie:

Die Ultimative New York Diät, Die 5-Faktor-Diät, One day Diät, Glyx-Diät, Fit und schlank durch Metabolic Power, Megabolic-Diät, Schlank im Schlaf, Die Lauf-Diät, Die Hollywood-Star-Diät, Abnehmen mit Glücksgefühl, Satt essen und abnehmen, Die Fit for Fun Diät, Die Burger-Diät, Satt und schlank mit der Volumetrics-Diät, Die Shangri-La Diät, Die Montignac-Diät, Quickfinder 5 Kilo weg, Die Walleczek-Methode, Logi-Methode, Die Turbo Fettkiller Diät, Die Bonvita Methode, Leichter durchs Leben. Erfolgsrezepte einer Bäckersfrau, Ich mach dich schlank, Der Schlankheits-Code, aha! macht schlank, Die SOS-Diät, Die Keine-Diät-Diät, Die Diät-Nanny, Natürlich abnehmen mit Schüßler-Salzen, Die South-Beach-Diät, Die Blutgruppen-Diät, Die Müller-Diät, Dicke Katze. So purzeln die Pfunde, Die Anabole

Diät, Schlank ohne Diät dank EFT-Klopfen, Die 3D-Diät, Die Vollweib-Diät, Die Sears-Diät, Alma macht die Turbo-Diät, Die neue Markert-Diät, Diät-Revolution, Kreta-Diät, Männer-Diät, pH-Diät, 3-Stunden-Diät, Schlank und fit mit Faktor 5, Die Feierabend-Diät, Die Radikaldiät, Die family Diät, Grün macht glücklich: Die Grüne Diät, Die Steinzeit-Diät, Die Bikini-Diät, Die Aldi-Diät, Brigitte-Diät, Bild-Diät, forever young sterne diät, Die Fatburner-Diät, Die Genuß-Diät, Die Mini-Max-Diät, Diät-Revolution, No19 – Magisch abnehmen!, Die revolutionäre Impuls-Diät, Der F-Plan, Schlank mit Yoga, Vitamin-Diät, Psycho-Diät, Die Lünn Molke Diät, Adam & Eva Schlankheitsprogramm, Denk dich dünn, Die große Woman-Diät, Der Pudel-Plan zum Wunschgewicht, Die Vielfraß-Diät, Abnehmen mit dem Stoffwechsel-Kick, Die Tassen-Diät, Abnehmen mit dem inneren Schweinehund, Die ultimative Suppendiät, Idealgewicht ohne Diät. CD: Stereo-Tiefensuggestion, Die Bilderbuch-Diät, Die China-Diät, Die CM3-Diät, Trotz Krümelkuchen und Käsesahne für immer schlank!, Die Luxus-Diät ...

So weit die kleine Auswahl. Begleitet wurde mein Ritt durch die nicht enden wollende Liste gebundener und broschierter Hilfsangebote durch aufdringlich aufpoppende Weight-Watchers-Werbung: »Hallo, hallo, übersieh uns nicht, wir sind auch noch da.«

Vollversorgung satt also, nur noch bestellen, und schon purzeln die Pfunde, wird suggeriert. (Purzelnde Pfunde, nein wie neckisch, ich hasse dieses blöde Bild. Wo purzeln die denn hin, die Pfunde? Gleich in den Mülleimer, oder liegen sie irgendwo rum, wenn sie sich ausgepurzelt haben und müssen zusammengefegt und über einen Fettabscheider entsorgt werden?)

Egal, Sprache ist hier nicht das Thema. (Sonst würde ich gleich noch meinen Unmut kundtun über das schreckliche

Schlachthofszenen provozierende Verb »abspecken«. Gern genommen in der Yellow-Welt, wenn sich mal wieder über dringend nötiges oder endlich vollzogenes Abnehmen irgendeines Promis oder Politikers ausgemehrt wird. Achten Sie mal drauf. Schauderhaft.)

Über eintausendvierhundert Ratgeber also mit dem selbstbewussten Auftritt garantierter Wirksamkeit. Schon jetzt ist klar: Wenn es nicht funktioniert, liegt es nicht am Buch, sondern an der Disziplinlosigkeit des dicken Lesers.

Also wirklich, an unsere Regeln müssen Sie sich schon halten. Man darf ja auch nicht bei Rot über die Straße gehen, wenn man nicht umgefahren werden will, oder?

Na also.

Das eine oder andere Werk aus dieser Liste hatte ich früher auch mal im Regal. Verführt durch eine irgendwo gelesene Anzeige, angefixt durch eine glaubhaft formulierte Wirkungsbeschreibung, und schon wieder waren zwanzig Euro investiert in eine Zukunft, in der die strahlende Sonne eines gesellschaftlich akzeptierten Hüftumfangs aufgehen würde.

Vergessen die gescheiterten Versuche. Diesmal klappt's, weil die Diät, die ich jetzt beginne, hundertprozentig zu mir passt.

Alle diese Bücher sind irgendwann in den Müll geflogen. Nicht, weil ich nicht abgenommen hätte, das hatte ich durchaus, aber wer will sich schon für den Rest seines Lebens von Kohlsuppe, in fettem Speck schwimmenden Spiegeleiern, literweise Weißwein oder ausschließlich Rohkost ernähren, um das mühsam erkämpfte Gewicht auch zu erhalten?

Ich zumindest finde diese Perspektive ähnlich attraktiv, wie den Vorsatz, mich ab sofort ausschließlich auf einem Bein hüpfend fortzubewegen. Anstrengend und langweilig eben.

Selbst die vernünftig klingenden Ansätze eines neu zu

lernenden Essverhaltens haben mir außer Stress nichts gebracht. Die permanente Bremse im Kopf – darf ich, darf ich nicht –, das automatisch anspringende schlechte Gewissen nach jedem Stück Schokolade außerhalb des Plans, das perverse Scannen der Speisekarte im Restaurant auf »gute« und »schlechte« Gerichte und das bewusst lange Kauen jedes Bissens nach intensivem Einspeicheln haben mir in etwa so viel Lebensfreude gebracht wie Sonnenbrand in Kombination mit Brechdurchfall.

Ich hab's dann einfach gelassen. Schluss, aus. Über dreißig Jahre im Ring und nicht eine Runde gewonnen, es reicht.

Wohl doch nicht mein Sport. Liebe Buchhändler, im Diätbereich müssen Sie sich andere Kunden suchen.

Aber nicht nur Buchverlage freuen sich über die wunderbaren Umsatzzahlen, die mit diesem Thema erzielt werden. Ganzjährig mit Jahreszeitenhoch im Frühling quellen aus allen verfügbaren Medien Diättipps hervor wie unachtsam zertretene Schnecken unter der Schuhsohle.

Jedes bunte Blatt druckt Rezepte und gibt Ratschläge zum Abnehmen. Klassenziel ist die Bikinifigur für das glückliche Strandleben. Wenn's nicht klappt, folgen im nächsten Heft Haltungs- und Bekleidungstipps für das Verstecken der unerwünschten Fettdepots. Geradezu begeistert hat mich ein Tipp aus der *Brigitte* (Ausgabe 12/09):

»Sie liegen am Strand, genießen die Sonne und verschwenden keinen Gedanken an vermeintliche Problemzonen. Richtig so. Doch im nächsten Moment steuert ein gutaussehender Mann auf Sie zu und fragt, ob Sie etwas mit ihm trinken möchten. SOS-HILFE: Schenken Sie ihm ein strahlendes Lächeln (das lenkt ab), und schnappen Sie sich eine weite Tunika, die einfach alles kaschiert. Wenn Sie es dann noch schaffen, trotz Aufregung

an die perfekte Schlankmach-Haltung (= gerader Rücken, Füße schulterbreit aufsetzen) zu denken, kann nichts mehr schieflaufen.«

Ist das nicht großartig? Eine von Frauen – im Impressum der *Brigitte* müssen Sie ganz schön lange suchen, bis Sie einen Mann finden – für Frauen gemachte Zeitschrift vermittelt ein Frauenbild, das als besondere Preziose in jedem Museum für Emanzipationsgeschichte einen Ehrenplatz einnehmen würde. Ist der Körper nicht perfekt, muss das mit Stoffbahnen, Rücken- und Beinstellung kaschiert werden, weil Mann Frau sonst nicht mit an die Bar nimmt. Aha.

Und wenn's klappt? Mann hat nichts gemerkt und nimmt Frau mit an die Bar? Puh, das ist ja noch mal gut gegangen …

Und dann? Könnte ja sein, dass Sympathie entsteht, Neugier, Begehren. Ach herrje – Sex in der Tunika mit vorteilhafter Bein- und Rückenstellung? Oder lieber Licht aus? Oder Frau muss Mann an der Bar so sehr abfüllen, dass er nichts mehr erkennen kann?

Noch einmal: Der Artikel ist nicht etwa 1961 erschienen, sondern 2009. Mich hat es geschüttelt. In der größten deutschen Frauenzeitschrift wird behauptet, dass Frauen, um von attraktiven Männern nicht ignoriert zu werden, ihre sogenannten Problemzonen verstecken müssen.

Diese Ansage muss sich erst mal setzen im Kopf. Ich werde ab sofort ganz genau hinschauen, was meine Frau so macht, wenn ich am Strand auf sie zugehe. Wird sie blitzartig Füße und Rücken in die perfekte Schlankmach-Haltung bringen und rasant eine Tunika um sich schlingen? Dann wüsste ich: Sie hat mich betrogen. Sie hat mir vorsätzlich ihre Problemzonen vorenthalten.

Bei der Scheidung würde sie schlechte Karten haben. Vorsatz! Ich meine, wenn man sein Auto verkauft, muss man ja auch über verdeckte Mängel informieren, wenn man hinterher keinen Ärger haben will. Ich bin gespannt.

Erstaunlich, welche Welt in der *Brigitte* noch zelebriert wird. Frauen warten darauf, von Männern eingeladen zu werden. Und wehe, sie haben keinen schlanken, medienadäquaten Körper: no way!

Es lebe die triebgesteuerte Selektion? Chance auf Fortpflanzung mit attraktivem Männchen nur, wenn Weibchen auch attraktiv? Also auf gar keinen Fall dick? Allenfalls ein paar klitzekleine Problemzönchen sind tolerabel? Auweia, das wird eng für siebzig, achtzig Prozent der Bevölkerung. Aber schon naht Hilfe: Bleib ruhig, Dummie, wir helfen Dir. Nicht so ganz attraktiv lässt sich mit unseren Tipps ganz einfach auf attraktiv türken. Rücken gerade, Füße auseinander, und schon gehörst du zur Klasse eins a.

Frauen sind übrigens nicht allein in dieser gruseligen Realsatire. Sicher überrepräsentiert, aber nicht allein. Ich empfehle zur diesbezüglichen Erbauung die entspannte Lektüre von Männerzeitschriften wie *Men's Health*. Da geht's den Kerlen an den Kragen und auch an alle tiefer liegenden Körperregionen. Als dicker Mann weiß man sofort: Aus. Schluss. Vorbei.

Aufhängen? Erschießen? Schlaftabletten?

Das Recht auf ein lebenswertes Leben ist verwirkt, zeigt der Blick in den Spiegel. Kein Waschbrettbauch, keine schmale Taille, keine prallen Bizeps. Wie soll das gehen?

Keine Frau, die auch nur einigermaßen klar ist im Kopf, wird ein Wort mit dir wechseln. Nie wirst du Gelegenheit haben, die phantastischen Sextipps auszuprobieren, die dir mit der Präzision einer Reparaturanleitung für Autos erklären, was Frauen so richtig abgehen lässt. Romantisches Candlelight-

Dinner, wilder Sex in der Badewanne oder auf dem Autobahnparkplatz? Vergiss es.

Jedenfalls, solange du nicht unser Workout-Programm nachturnst. Vier Wochen lang neuntausenddreihundert Sit-ups täglich, und die Mädels werden Schlange stehen. Versprochen!

Eigentlich müsste man sie doch finden, all die frustrierten, gedemütigten Dicken, die kapituliert haben vor den unerreichbaren Ansprüchen. Bei Wanderungen durch die tiefsten Hunsrück- oder Westerwaldregionen müsste man doch auf ihre Laubhütten stoßen, in die sie sich als asexuelle Einsiedler zurückgezogen haben. Ich stelle mir vor, dass sie stumm am Feuer hocken, ein Wildschwein nach dem anderen in sich hineinmampfend. Fettbrocken und Knochenreste in ihren langen Bärten, erdulden sie Tag für Tag ihr verdientes Schicksal.

Aber wahrscheinlich verstecken sie sich woanders. Zum Beispiel in ihren Wohnungen. Vielleicht lesen sie dort in Zeitschriften, dass man sich Sorgen machen muss über die dramatisch ansteigende Zahl der dicken Kinder. Oder sie schalten den Fernseher ein und schauen sich bei den öffentlich-rechtlichen Anbietern auf seriös getrimmte Dokumentationen über stark übergewichtige Menschen im verzweifelten Kampf gegen ihre Fettdepots an. Alternativ können sie bei den privaten Sendern live dabei sein bei blutigen Wir-machen-dich–dünn-und-schön-Operationen. Und zuschauen, wie nach der OP alle des Kaisers neue Kleider spielen und im Chor »Jetzt bist du dünn, jetzt bist du schön«, singen, während ein armes, in weite Kleider verhülltes Wesen – wahrscheinlich unter höllischen Schmerzen – tapfer lächelnd vor das applaudierende Publikum tritt.

Vielleicht schütteln sie dann den Kopf und fragen sich, warum Menschen sich das antun. Schließlich wird im Internet für Fatburner geworben, die innerhalb von acht Tagen Körpergewicht im zweistelligen Kilobereich entsorgen können. (Wie soll das gehen ohne Kettensäge? Andererseits: Man weiß ja nie ...)

Es nützt nichts, sich zu verstecken. Dem Kriegsruf »Kampf den Dicken!« entkommt man nicht. Dieses Thema ist eines der ganz großen in Deutschland. Als ob es nichts Wichtigeres gäbe.

Das wissen natürlich alle, die das Spiel mitspielen. Aber wer verzichtet schon feiwillig auf sichere Einkünfte? Also wird es so weitergehen. Artikel, Bücher, Produkte bis zum Abwinken.

Eben – bis zum Abwinken. Das wär's doch – abwinkende Dicke. Lasst uns in Ruhe mit dem ganzen Scheiß. Wir wollen es nicht mehr hören. Wir sind satt.

Wahrscheinlich ein frommer Wunsch ohne jede Chance auf Verwirklichung. Fehlt es den meisten Dicken doch vor allem an Selbstbewusstsein. Das macht sie so korrumpierbar und anfällig für Schuldgefühle. Schade. Verdient haben sie das nicht.

Ich bin in Sachen Diät mittlerweile abgeklärt wie ein erleuchteter indischer Heiliger. Ein mildes Lächeln – mehr ist mir zu diesem Thema nicht mehr zu entlocken. Versuchen Sie es erst gar nicht.

Es ist einfach vorbei.

3
Dicke Rüge

Ich bin ein Fan von Daniel Kehlmanns Büchern. *Die Vermessung der Welt* ist ein Hammer, so viel besser als *Ich und Kaminski*, das ich als erstes Buch von Kehlmann gelesen hatte und damals schon ziemlich gut fand. Das hatte ich gekauft, weil ich mich für Malerei interessiere. Die Geschichte fand ich ziemlich gut, wenn auch nicht so hammermäßig wie *Die Vermessung der Welt*, aber ich hab mich dann richtig gefreut für den Herrn Kehlmann, dass er sich so toll gesteigert hat. Sich steigern zu können find ich super, das macht doch Sinn, dass man nicht über Jahrzehnte auf dem selben Level rumhampelt und sich in der Birne außer noch-mal-noch-mal-noch-mal nichts mehr tut, oder?

Okay, ich heiße nicht Reich-Ranicki, und mir steht es nicht zu, die literarische Qualität eines Buchs zu bewerten. Und vielleicht habe ich mich geirrt, und irgendwann wird in jedem germanistischen Proseminar verkündet, dass *Ich und Kaminski* das beste Buch ist, das Daniel Kehlmann jemals geschrieben hat, kann ja sein. Aber erstens werde ich dann nicht mehr leben, und meine Kinder und Enkel werden hoffentlich über andere Dinge nachdenken als über meine Behauptung, *Ich und Kaminski* sei nicht das beste Buch, das Daniel Kehlmann jemals geschrieben hat. Und zweitens ist es mir auch total wurscht, ich lese schließlich nicht, um zur selben Erkenntnis zu kommen wie Dennis Scheck oder Elke Heidenreich oder wie die Kritiker und Buchanpreiser alle heißen, sondern weil es mir großen Spaß macht zu lesen.

Dieser Spaß wurde leider auf das heftigste unterbunden, als ich neulich *Ruhm* las, das neue Buch von Daniel Kehlmann, auf das ich mich so gefreut hatte. Auf das heftigste unterbunden ... das ist schon ein bisschen geschwollen und übertrieben. Es hat mich nicht wirklich aus dem Sessel katapultiert, aber es geht schließlich auch darum, dass *Sie* nicht einschlafen beim Lesen, da muss der eine oder andere knackige Satz schon mal eingestreut werden so wie ein bisschen Parmesan über einen guten Caesar-Salad, ehrlich, ich denke auch an *Sie* beim Schreiben. Ich weiß doch, wie das ist, wenn man irgendeine Schwarte in der Hand hält und sich mühsam weiterkämpft, weil man kein anderes Buch zur Hand hat und im Fernsehen nichts läuft und die Beziehung schon wieder auf »not on speaking terms« geschaltet ist. Verdammt, das kennen wir doch alle, diese schreckliche Einsamkeit kurz vorm Lichtausmachen, und wie schön es dann ist, von einem Buch in eine Welt getragen zu werden, die uns den eigenen Trübsinn vorübergehend vergessen lässt. Das hat durchaus was mit sozialer Verantwortung zu tun, wenn man schreibt, finde ich, verbales Streetworking sozusagen: Hey, ich bin für Sie da, wenn Sie mich brauchen, schlagen Sie einfach mein Buch auf!

Aber genug. Eine Runde einschmeicheln zwischendurch kann nicht schaden, das weiß man doch, und ich hoffe, Sie haben gerade einen leichten Anflug von Rührung erlebt. Das wäre gut für mich, weil Sie mich dann als sympathischen und empathiefähigen Autor abgespeichert hätten, selbst wenn Sie mein Buch für absolut bescheuert hielten. Sympathy sells, und ich könnte meinem Verleger dann die nächste Idee andrehen, vielleicht wird ja sogar eine Reihe draus, das neue Werk des Der-ist-aber-nett-Autors.

Ich habe Kinder. Wissen Sie eigentlich, was solche Monster kosten, bis sie endlich aus dem Haus sind? Da muss man kreativ sein in seinen Gedanken, wenn man Kohle auftreiben will – sorry, aber ich hatte mir doch gerade eben meinen Kopf über *Sie* zerbrochen, da können Sie es nun wirklich aushalten, wenn ich mich mal kurz mit meiner Zukunft beschäftige.

Also gut, ich höre ja schon auf – wen interessiert schon, wie ich meine Kinder satt kriege. Kehlmann. Daniel Kehlmann war das Thema.

Daniel Kehlmann, dieser super erfolgreiche Autor, hat also das Buch *Ruhm* geschrieben. Und das habe ich neulich gelesen. Wow! Das fängt richtig geil an, ich hab mich kopfmäßig sofort angedockt und alles um mich rum vergessen. Lesevergnügen vom Feinsten. Bis mir leider schon auf Seite neun unversehens eine Riesenfaust voll eine gegongt hat. Bäng! Da fährt der Held dieser Geschichte, ein Herr Ebling, morgens mit der S-Bahn zu seiner Arbeitsstelle. Die S-Bahn ist voll, Herr Ebling muss stehen. Und damit auch der allerletzte Leser mitkriegt, wie scheiße sich Herr Ebling in der vollen S-Bahn fühlt, widerfährt ihm Folgendes: »Von der einen Seite presste sich eine fette Frau an ihn, von der anderen Seite starrte ein schnurrbärtiger Mann ihn an wie einen verschworenen Feind.«

Au Mann. Herr Kehlmann, das muss doch nicht sein. Der Typ mit dem Schnurrbart ist ja in Ordnung, der gefällt mir, so etwas habe ich auch schon erlebt, aber die Frau, die *fette* Frau! Ich meine, das bringt doch nichts. Wenn eine S-Bahn voll ist, ist sie voll. Es ist schnurzpiepegal, ob in einer vollen S-Bahn dünne oder dicke Menschen vor, hinter oder neben einem stehen und sich meinetwegen auch noch anpressen – die S-Bahn ist schlicht und einfach voll, da geht es nun mal nicht mehr ohne Körperkontakt! Nun tun Sie doch bitte nicht so, als habe allein die *fette* Frau die S-Bahn voll gemacht. Bullshit, Herr Kehlmann, völliger Bullshit!

Das ist die gleiche doofe Nummer wie am Buffet, wenn sich vor Ihnen ein dicker Mensch die letzten Shrimps auf seinen Teller legt und Sie keine Shrimps mehr kriegen. Natürlich hassen Sie diesen armen dicken Menschen dafür, dass Sie keine Shrimps mehr kriegen. Und *wie* Sie ihn hassen! In Ihrer Wahrnehmung hat er Ihnen nicht nur die Shrimps weggegessen – ach was: *weggefressen*! –, die Sie sich auf Ihren Teller tun wollten. Nein, Sie denken, dieser widerliche dicke Mensch hat *alle* Shrimps vertilgt, die jemals auf dieses Buffet gelegt wurden. Hunderte, Tausende der wunderbarsten Shrimps, die hat sich dieser dicke Mensch alle in seinen Gierschlund gestopft, und Sie müssen jetzt russische Eier oder Nudelsalat essen.

Aber vielleicht sind Sie ja Vegetarier, Herr Kehlmann, ich kenne Sie ja nicht persönlich. Als Vegetarier könnten Sie sich das vielleicht nicht so richtig vorstellen, dass jemand so tief gekränkt sein kann wegen ein paar Shrimps oder sich maßlos herabgesetzt fühlt, weil er russische Eier oder Nudelsalat essen muss.

Da sollte ich wohl besser noch eine andere Situation beschreiben, die Ihnen klarmacht, was für einen Mist Sie geschrieben haben an dieser Stelle, ehrlich, mir ist das wirklich wichtig, weil ich das Buch ja eigentlich richtig toll finde. Also Fahrstuhl: Sie betreten einen Fahrstuhl, der schon ziemlich voll ist, und unter den vielen Fahrstuhlfahrgästen befindet sich auch ein dicker Mann. Das registrieren Sie aber eher beiläufig, und dann fährt der Fahrstuhl los, egal ob rauf oder runter, und Sie drehen sich zur Tür und starren wie alle auf die Stockwerksanzeige. Und der Fahrstuhl fährt und fährt, und plötzlich gibt es einen Ruck und der Fahrstuhl bleibt genau zwischen zwei Stockwerken stecken, einfach so.

Und was machen Sie? Sie drehen sich zurück und schauen vorwurfsvoll den dicken Mann an. Genau wie die anderen Fahrstuhlfahrgäste auch. Kein langes Anglotzen natürlich, nur so ein kurzer Blick aus schmalen Augen, um sich das Bild des Monsters einzuprägen, das daran schuld ist, dass Sie mit dem Fahrstuhl hängengeblieben sind, und in Ihrem persönlichen Speicher für Hassobjekte abzulegen.

Jetzt haben Sie bestimmt verstanden, was ich meine, Herr Kehlmann, Sie sind doch ein intelligenter Mann. Ich denke, wer solche Wahnsinnsbücher schreibt, muss intelligent sein. Da hätten Sie eigentlich merken müssen, was Sie da anrichten, wie Sie einer ganz furchtbaren Dicken-Feindlichkeit Vorschub leisten. So was kann man doch nicht machen als verantwortungsvoller Autor. Dicke sind auch nur Menschen, und Dicke haben auch Gefühle, auf denen man nicht rumtrampeln sollte. Oder haben Sie das etwa – ein schrecklicher Gedanke taucht gerade in meinem Kopf auf, nein, bitte nicht, ich will das nicht glauben, ich mag Sie doch –, haben Sie das etwa kaltblütig, in vollem Bewusstsein getan? Haben Sie etwa ganz genau gewusst, was Sie bei Ihren Lesern mit diesem Satz auslösen? Haben Sie etwa eine dicke Frau aus Ihrer Figurensammlung gekramt wie ein Kind eine Kuh aus der Kuscheltierkiste und sie schnell noch *fett* gemacht, die arme dicke Frau, um sie dann genüsslich auf dem Altar des großen Gottes aller Wirkung zu opfern?

Igitt, igitt, eine *fette* Frau *presst* sich an den bedauernswerten Herrn Ebling, die stinkt bestimmt auch und hat ganz glitschige Hände, weil sie von morgens bis abends schwitzt. Herr Ebling muss sich bestimmt ganz furchtbar ekeln, weil beim

Bremsen der S-Bahn sich einzelne Tropfen vom wulstigen, pickligen Specknacken der *fetten* Frau lösen und als kaltschweißige Tropfgeschosse in seinem Gesicht landen, igittigitt. Und diese fettigen ungewaschenen Haare und der Geruch, der Geruch! So eine gemeine Mischung aus Oberhemd aus hundert Prozent Polyester, zwei Wochen getragen und zwischendurch nicht geduscht, und einem muffigen Pappkoffer mit alten Fotoalben, den man nach zehn Jahren aus einem feuchten Keller zieht, lecker! Ach, der arme Herr Ebling, was der alles aushalten muss ...

Zum Glück ist die Szene vorbei, bevor die nächste Haltestelle kommt und die *fette* Frau sich aus dem Wagen wälzt und Herr Ebling auch noch den Anblick ihres watschelnden Gangs mit nach außen gestellten Fußspitzen ertragen muss. Vielleicht hätten Sie ja noch das leise Schmatzen ihrer sich aneinander reibenden Oberschenkel schildern sollen, um den Grusel perfekt zu machen.

Ja, Herr Kehlmann, ich bin verärgert, ich erkläre mich solidarisch mit der fetten Frau und verwahre mich entschieden dagegen, dass Sie dicke Menschen skrupellos benutzen, um Ihren Helden Ebling so richtig schön in den Fokus der Leser zu schieben. Menschen, Herr Kehlmann, richtig, Plural, denn das ist ja kein einmaliger Ausrutscher in Ihrem Buch, das hätte ich vielleicht noch schlucken können. Aber nein: Auf Seite 87 wird der Schauspieler Ralf Tanner in einem Treppenhaus »nachlässig« von einer dicken Frau gegrüßt.

Auch so was: Die Frau ist doch nur dick, weil das Dicksein die Nachlässigkeit verstärkt, das wissen wir doch, dass Dicke nichts anderes im Kopf haben als permanente Nahrungsaufnahme, natürlich sind sie deshalb noch nicht einmal in der Lage, ordentlich zu grüßen. So war das doch gedacht, Herr Kehlmann, eine nette kleine Impression, um den Lebensraum

Ihrer Figur authentisch zu machen. Ja, so langsam durchschaue ich Ihre Tricks, ich sage nur: Seite 96! Da schaut die Autorin Maria Rubinstein in einen Spiegel und erblickt »eine kleine, rundliche Frau Mitte vierzig«. Rundlich! Hahaha! Sie ersparen Frau Rubinstein das Wort »dick«, weil sie Ihre positiv besetzte Hauptfigur ist. Positiv besetzte Hauptfiguren dürfen nicht dick sein, weil Dicksein negativ besetzt ist. Ich hab doch recht, Herr Kehlmann, oder?

Na klar hab ich recht, Herr Mollwitz beweist, dass ich recht habe. Diese – leider muss ich gestehen: wunderbare – Figur haben Sie hemmungslos mit allem ausgestattet, was Dickenhasser so richtig glücklich macht: Halslos ist er und von groteskem Leibesumfang, und er frisst und schwitzt sich kurzatmig durch die Geschichte, dass es dem normalen Dickenhasser ganz warm wird ums Herz, sauber manipuliert, Herr Kehlmann, da kommt richtig Freude auf.

Aber was reg ich mich auf, das ist Ihre Geschichte, das sind Ihre Figuren, die Auflagenhöhe wird Ihnen recht geben. Die Dicken sind mal wieder die Verlierer, diese rechtlosen Komparsen des Literaturbetriebs, und keine Sau wird sich Gedanken machen über Ihre zum Himmel stinkende Ungerechtigkeit. So ist das Leben.

Ich kriege gerade Hunger, ich muss jetzt unbedingt etwas essen, das ist immer so, wenn ich mich über irgendetwas aufrege, dann kriege ich unheimlich Hunger und haue mir den Bauch voll. Und am nächsten Morgen gehe ich lieber nicht auf die Waage. Dabei bin ich doch gar nicht schuld daran, ich rege mich doch nur über Sachen auf, die ich nicht zu verantworten habe, ich reagiere doch nur. Zum Kotzen ist das, die anderen bauen Scheiße, und ich hab's dann auf der Hüfte.

Egal, ich schau jetzt mal nach, was noch im Kühlschrank ist.

Ach ja – eine Frage habe ich noch, Herr Kehlmann: Die fette Frau aus der S-Bahn, ist das vielleicht die Schwester von Herrn Ebling? Oder halt – ist sie vielleicht sogar die Frau von Herrn Ebling? Ja, viel besser, dann könnte nämlich das Mädchen im Schwimmbad weiter hinten im Buch – ich hab jetzt keine Lust, nachzuschauen, welche Seite das ist, ich hab Hunger –, also dieses *fette* Mädchen im Schwimmbad könnte ihre Tochter sein, das wäre doch was, Stoff für eine Mollwitz-Saga: Drei fette Quallen schwitzen sich durchs Leben. Ein Riesenerfolg wäre das, Herr Kehlmann.

Haben Sie eigentlich einen Berater? Wenn Sie wollen, können wir ja mal essen gehen ...

4
Lila Breitcord

Den angewiderten Gesichtsausdruck des gut gekleideten Mannes werde ich nie vergessen, purer Abscheu, in nach unten gezogene Mundwinkel zementiert, alle Signale mit der klaren Aussage: Was willst du hier? Einer wie du hat hier nichts zu suchen, stört, beleidigt mein Auge, löst einen Würgereiz in mir aus, versaut mir den Tag. Also los – mach dich vom Acker, und zwar sofort.

Zu spät. Ich hatte Mut bewiesen, hatte die No-go-Area betreten und war nicht bereit, mich vertreiben zu lassen, ich spürte kalten Schweiß an meinen Handflächen, aber ich widerstand. Erobertes Terrain darf man nicht wieder aufgeben, wusste ich, wenn ich jetzt gehe, werde ich nie wiederkommen, und meine Tapferkeit reichte aus für heldenhafte Bewegungslosigkeit. So standen wir uns Sekunden, gefühlt waren es schreckliche Stunden, stumm gegenüber – unfähig zu Augenkontakt ertrug ich den bohrenden Blick meines Gegenübers. Ein Duell am späten Vormittag, die Welt hielt den Atem an.

Als er schluckte und seinen Mund zu einem schmalen Schlitz öffnete, wusste ich, dass ich gewonnen hatte. Der kalte Schweiß auf meinen Handflächen blieb, aber er hatte plötzlich Körpertemperatur. So fühlt sich siegen an. Aus dem schmalen Schlitz im Gesicht meines Gegenübers quälte sich wie ein Wurm aus einem zu engen Loch ein Satz, der das Eingeständnis seiner Niederlage war: »Was kann ich für Sie tun?« Ich hob meinen Blick und schaute dem Verlierer in die Augen. Sie waren nicht mehr auf mich gerichtet, sondern schauten ziellos in die Ferne, verloren im Nichts der Resignation. Ich lauschte dem gepressten Klang des Satzes nach, der schwebend meinen Kopf umtanzte und sich dann auflöste wie Sprühnebel an einem warmen Sommermorgen. Ich genoss die Stille, deren Ende ich mit meiner Antwort bestimmen würde. Schließlich meine Replik, gekonnt gesetzt wie ein Fanfarenstoß zum Geburtstag der englischen Königin: »Eine Hose. Ich hätte gern eine Hose.«

Und schon war der Mann nicht mehr Gegner, sondern Untertan.

Demut ließ Kopf und Schultern einsinken, seine Handbewegung illustrierte seine Erkenntnis, nunmehr mein Lakai zu sein.

»Ich darf vorausgehen?«, schmeichelte er mein Ohr und schritt über den weichen Teppichboden voran.

Ich folgte meiner Eskorte, der Schweiß auf meinen Handflächen begann zu trocknen. Andere mögen es Fahrstuhl nennen, für mich war es eine aristokratische Karosse, die uns in den zweiten Stock des Gebäudes brachte. Nach kurzer, wortloser Fahrt glitten die Türen geschmeidig zur Seite, ich wurde hinausgeleitet und hatte das Ziel meiner Träume erreicht: die Hosenabteilung des nach eigenen Angaben führenden Herrenausstatters. Vielleicht täuscht mich meine Erinnerung, aber ich glaube, dass mir der Anblick des an blitzenden Chromstangen dargebotenen Überflusses Tränen in meine Augen trieb. Hosen! Hunderte – oder waren es Tausende? – Hosen! In allen nur denkbaren Farben, in schmeichelndem Flanell und kühlendem Leinen, mit Bundfalte oder ohne, mit Knöpfen oder

Reißverschluss, ausgestelltem oder engem Beinschnitt, mit Patten an den Taschen oder offenem Eingriff, Extras wie Uhrentäschchen oder doppelten Gürtelschlaufen.

Kein Zweifel – ich war angekommen im Paradies des männlichen Beinkleides. Vielleicht noch zwanzig Minuten, allenfalls eine halbe Stunde, und ich würde einer von *ihnen* sein, kein Outlaw mehr, kein Aussätziger, mit abschätzigen Blicken empfangen, welchen Raum auch immer ich betrat. Eine halbe Stunde noch, und mein Martyrium würde vorbei sein, stolz würde ich zurückkehren auf die Berliner Straßen und endlich, endlich dazugehören, akzeptiert sein und aufgenommen in die Welt der Menschen, die das *richtige* Leben lebten. Ich würde wie sie eine *modische* Hose tragen, nicht mehr die alte bullerige Jeans mit ausgefransten, zu langen Hosenbeinen, auf deren Saum ich immer herumtrat, weil es keine Größe gab, die mir an der Taille passte und gleichzeitig die richtige Beinlänge hatte. Entweder die richtige Beinlänge und ständig wegfliegende Knöpfe am Hosenbund, weil der zu eng war und von meinem Bauch unter Dauerspannung gehalten wurde. Oder haltbare Knöpfe und keine roten Pressspuren am Bauch, dafür aber ausgefranste Hosenbeine.

Das waren bislang die einzigen Alternativen gewesen, die bei einem Hosenkauf möglich waren. Farbe? Schnitt? Material? Vergiss es, du bist dick! Sei froh, wenn du überhaupt einigermaßen in irgendetwas reinpasst! Wir sind hier in keiner Boutique, mein Lieber, hier wird Berufskleidung verkauft, die soll *halten* und nicht *modisch aussehen*, stiehl mir nicht meine Zeit, es ist nicht mein Problem, dass du dick bist. Also – Zimmermannshose in Breitcord? Schornsteinfeger–, Maurer- oder Bäckerhose aus kratzigem, aber *strapazierfähigem* Material? Nein, andere Größen haben wir nicht. Kriegen wir auch nicht rein, Zirkuszelte führen wir nicht, haha, aber vielleicht ist bei den Arbeitsjeans was dabei, Scheißfarbe, sehe ich selber, könnte aber passen, probier doch mal.

Ssssipp, Vorhang zu, verdammt eng die Umkleidekabine, vor allem wenn man sich bücken muss, alte Hose aus, neue Hose an, zerr, reiß, Kopf wird rot vor Anstrengung, Bauch noch mehr einziehen, Adern schwellen, Knopf geht zu, puh, schnell wieder aufmachen, muss abnehmen, neue Hose aus, alte Hose an, ruhig werden, hoffentlich ist der Kopf nicht so rot. Ssssip, Vorhang wieder auf, ganz cool »passt« sagen, Kasse, kaufen, Tüte grapschen, schnell raus hier.

Zu Hause noch mal anziehen, na ja, Bauch hängt ziemlich rüber, muss unbedingt abnehmen, aber wenigstens nicht zu lang, Hosenbeine schleifen hinten nicht über die Erde, sieht gut aus, oben dann eben weite Hemden und drüber hängen lassen, wird schon gehen, muss wirklich abnehmen. Peng, Knopf fliegt weg, Scheiße, schnell Reißverschluss aufmachen, der ist sonst ratzfatz im Eimer, halten doch nichts aus, die Scheißdinger, weiß ich doch, schnell Gürtel suchen, Knopf annähen macht keinen Sinn, fliegt ja doch gleich wieder weg, muss abnehmen, vielleicht hätte ich doch besser die andere Größe mit den zu langen Hosenbeinen nehmen sollen, aber das sieht so Scheiße aus, wenn ich immer auf dem Saum rumlatsche, muss abnehmen.

So war es gewesen, immer, jahrelang, jahrzehntelang. In mühsam gespielter Selbstsicherheit hatte ich meinen gehobenen Baustellenlook verteidigt, ich mach mir nun mal nichts aus Klamotten, das Zeug hier ist wenigstens *strapazierfähig*, quatsch, da kratzt nichts, du musst dir mal die Hände eincremen, deine Haut ist ja wie Sandpapier, wie bitte, die Farbe ist überhaupt nicht scheiße, das ist meine Lieblingsfarbe, Erdtöne werden sogar in der Farbtherapie benutzt, du hast ja keine Ahnung.

Was für ein verzweifelter Kampf gegen den Verlust sozialer Akzeptanz. Und nie war ich sicher, ob ich gewann oder verlor. Quatsch, na klar war ich mir sicher, natürlich verlor ich, immer – aber wer gibt schon gern zu, dass er ein Loser ist?

Und dann kam der Tag, an dem ich beim Blick in eine Tageszeitung erstarrte. »Jetzt auch in großen Größen!«, stand in der ganzseitigen Anzeige des nach eigenen Angaben führenden Herrenausstatters. Anzüge, Hosen, Jacken, Mäntel, Hemden, Unterwäsche ... alles auch in *großen Größen!*

Ich fühlte mich gerettet von der Insel der Hässlichen, war plötzlich willkommen in der Welt der Schönen, in der Erfolg und Reichtum so selbstverständlich sind wie Sand in der Sahara.

Ich beschloss, mit einer Hose zu beginnen, bei dreihundert Mark Bafög im Monat wollte eine Neueinkleidung gut geplant sein. Eine Hose, klar, in einer Farbe der Saison, die die Augen der Frauen blenden würde, aus einem Material, das ihre Hände anlocken würde so wie frischer Pflaumenkuchen jede Wespe verrückt macht – darf ich mal anfassen, oh, das ist ja ein toller Stoff, so weich, und ey, die Farbe steht dir *richtig* gut – und *in* dieser Hose würde *mein* Körper stecken, makellos umschmeichelt von einem Schnitt, der nicht den geringsten Zweifel daran lassen würde, dass ich meinen Wohnsitz in Paris und London und Mailand und Hollywood habe, und ich würde begreifen, dass gerade ein neues Leben begann.

Hinter mir schlossen sich mit saugendem Geräusch die Fahrstuhltüren.

Meine Handflächen waren getrocknet, mir war es warm ums Herz geworden, eine große Menschenliebe füllte mich plötzlich aus. Kein Zweifel, ich hatte es geschafft, ich hatte die letzte Schwelle der Angst überschritten, als ich die Eingangstür öffnete und die Räumlichkeiten des nach eigenen Angaben führenden Herrenausstatters betrat, eine Schwelle, die bis zu diesem Tag unüberwindbar war wie eine Gletscherspalte. Gut, die Schaufenster kannte ich, nachts war ich herangeschlichen und hatte sehnsuchtsvoll durch die Scheiben gestarrt wie vor neunundachtzig ein DDR-Rentner auf die Auslagen in der Lebensmittelabteilung des KaDeWe. Nur anschauen, Finger weg, das hier ist nicht deine Welt. Für diese Welt bist du zu dick, Pech gehabt, der Zugangscode ist Größe vierundfünfzig, vergiss es, Walross, hier dürfen nur Delphine schwimmen.

Vorbei, vorbei, ich gehörte endlich dazu! Meine Eskorte war vorausgegangen und schaute mir mit ausdruckslosem Gesicht entgegen, als ich mich mit würdevollen Schritten den zu Stoff gewordenen Kronjuwelen näherte.

»Sie wissen Ihre Größe?«, hörte ich ihn leise fragen, und schon bei diesem Satz gefror etwas in mir, ein gewisser Tonfall in seiner Stimme ließ mich ahnen, dass längst noch nicht feststand, wer Sieger war.

Ich sagte »Äh...« und staunte über die unglaublich elegante, gleitende Bewegung, mit der mein Gegenüber ein gelbes Maßband aus seiner Hosentasche zog und mit einem kleinen, perfekten Schwung ausrollte wie ein Cowboy sein Lasso. Dass es kein Lasso war, sondern eine Peitsche, begriff ich schnell, als es, ohne die Präzisierung meiner Antwort abzuwarten, mit einer phantastisch geschmeidigen Bewegung um meine Taille gelegt wurde. Augenblicklich brannte mein Körper an den Stellen, an denen er vom Maßband berührt wurde. Ein glühender Ring der Schmach ließ mich augenblicklich wünschen, dieses Geschäft niemals betreten zu haben. Ich wusste, was kommen würde. Den weich gesetzten Satz »Das wird schwierig« hätte er sich sparen können, aber er gehörte zu den Typen, denen Folter Spaß bereitet.

Er ging – sah ich ein feines Lächeln um seinen schmalen Mund spielen? – an den endlosen Chromstangen entlang und blieb schließlich vor der Wand stehen, in der die Stangen befestigt waren. Dort klemmte zwischen Wand und dem letzten der Schilder, auf denen die Größe der dargebotenen Kleidungspretiosen angegeben waren, im Niemandsland also, eine einzelne Hose. Mit einer triumphalen Bewegung zog er sie hervor, drehte, ohne die wunderbar fließende Bewegung auch nur ansatzweise zu unterbrechen – ja, er war ein Meister der Demütigung –, den Haken des Bügels um neunzig Grad und beendete die Bewegung, indem er die Hose rechtwinklig zu den anderen Hosen an die Chromstange hängte. Da hing sie und präsentierte sich in voller Größe.

»Das ist die einzige, die ich Ihnen zeigen kann.«

Der Satz klang wie »Du hast es ja nicht anders gewollt«. Ich hatte längst aufgegeben, ihm in die Augen zu schauen. Meine Handflächen waren wieder schweißnass, es war kalter Schweiß, stumm starrte ich die Hose an. Sie war aus Breitcord mit weit ausgestellten Beinen. Und sie war lila.

Nie war eine Niederlage schmerzhafter gewesen. Ich war kurz davor, das Bewusstsein zu verlieren.

Ich glaube, es war der Hass auf den Verkäufer, der mich auf den Beinen hielt. Ich schaffte sogar zu behaupten, die Hose gefiele mir gut, und ich bat um Erlaubnis, sie anzuprobieren. Sie passte. Nicht zu eng, die Beinlänge stimmte. Aber sie war aus lila Breitcord. Und vor der Umkleidekabine stand der Verkäufer und wartete darauf, dass ich die weiße Fahne schwenken würde.

Woher ich die Kraft nahm, weiß ich nicht. Ich hörte mich sagen, die Hose sei super und ich würde sie kaufen.

Ich schlich aus dem Geschäft und lief mit schlurfenden Schritten und gesenkten Augen nach Hause. Lila Breitcord.

Ich war und blieb ein Loser. Okay – der Knopf würde halten, und die Hosenbeine hatten die richtige Länge. Und das sollte ein Trost sein?

Ich überlegte, ob noch Bier im Kühlschrank ist und was sie wohl abends im Fernsehen zeigen.

5
Fliegen ist auch nicht mehr das, was es mal war

Ich habe den Eindruck, dass in den vergangenen Jahren die Bordtoiletten der Lufthansa-Flugzeuge immer kleiner geworden sind. Wobei der Begriff Ein-Druck durchaus wörtlich genommen werden kann. Die üblichen Bewegungen beim Nutzen dieser von der Airline stolz »Lavatory« – also Wasch-»Raum« – genannten Sanitärverschläge wie Hinsetzen, Aufstehen, Drehen, Bücken sind von Konfektionsgröße achtunddreißig an aufwärts nicht ohne intensiven Körperkontakt mit Seitenwänden und Sanitäreinbauten zu vollziehen. Ab Konfektionsgröße achtundfünfzig beginnt man über die Verwendung von Gleitmitteln nachzudenken, weil man nicht mit dem Negativabdruck eines Lufthansa-Waschtisches in der Hüfte zu seinem Sitzplatz zurückkehren möchte. (Ein Holzklasse-Sitz – beim Einsteigen noch als versuchte Körperverletzung wahrgenommen, mutiert nach dieser Schraubstock-Erfahrung übrigens zum Businessclass-Sessel – virtuelles Upgrading sozusagen, bestimmt ausbaubar im Sinne einer höheren Kundenzufriedenheit. Aber warum soll ich mir Gedanken machen. Ist das meine Airline?)

Da ich mich bislang vorwiegend dem Kranich anvertraut habe, fehlen mir aussagefähige Vergleiche mit anderen Fluggesellschaften. Dennoch gibt es in meinen langsam verblassenden Erinnerungen ein Bild, das mich nachdenklich stimmt: Ich sehe mich in einer Flugzeugtoilette beim Wickeln eines Säuglings. Ich stelle das Bild schärfer und begreife, dass es keinem Traum entstammt, sondern konkrete Erinnerung ist an einen Flug mit unseren kleinen Kindern nach Amerika: Meine Tochter – oder war es mein Sohn? – liegt quietschvergnügt auf einer Art Arbeitsfläche, die über die gesamte Breite des Waschraums geklappt ist, ich stehe aufrecht(!) und ebenfalls quietschvergnügt ... okay, das ist jetzt Interpretation, ich sehe mich in meiner Erinnerung nur von hinten. Aber die räumlichen Gegebenheiten sprechen eindeutig dafür, dass ich keinen Grund habe, mies drauf zu sein, da müssen Sie mir recht geben. Ich stehe also vor dem Klapptisch und tue, was zu tun ist.

Es gab also Zeiten, da konnte man bequem in der Bordtoilette eines Lufthansa-Flugzeugs Säuglinge wickeln. Heutzutage bereitet schon das Abwickeln von Klopapier Schmerzen im Handgelenk, weil man so verkrampft an der Plastikwand klemmt. Fortschritt – dein Name ist Enge? Ist ja schön, dass die neuen Airbusse so schick aussehen und einen persönlichen Bildschirm in der Armlehne haben. Trotzdem fühle ich mich ziemlich schlecht behandelt als Kunde und Mensch, wenn ich das Gefühl habe, Flugzeugdesigner hätten ihre Ausbildung in einer Legebatterie gemacht. Ich finde, das hat auch was mit Würde zu tun, wenn man ... ja gut, ich höre ja schon auf, die Früher war-alles-besser-Nummer geht mir auch auf den Keks, und wen interessiert schon, unter welchen Bedingungen ich früher mal meinen Kindern den Hintern abgewischt habe.

Sorry, ich neige offensichtlich dazu, mich manchmal zu wichtig zu nehmen. Mir fällt auch gerade auf, dass ich noch nie eine Demonstration von Lufthansapassagieren erlebt habe, die während eines Fluges mit Plakaten in der Hand durch die

Flugzeuggänge gelaufen sind und lautstark ihr Recht auf mehr Platz zum … zum Zähneputzen gefordert haben. Scheint wohl mehr mein Problem zu sein. Ist mir wirklich ziemlich peinlich, wie ich mich da gerade aus dem Fenster gehängt habe. Es ist eben so, wie es ist in der Welt der Waschräume, und weil bloßes Jammern niemanden so richtig nach vorn bringt, bemühe ich mich lieber um konstruktive Gedanken.

Akzeptieren wir also einfach, dass in diesen harten Zeiten nichts so schützenswert ist wie der Shareholder-Value, dieses zarte, sensible Pflänzchen monetärer Sozialbotanik. Es will umsorgt sein, gehegt und gepflegt, mit ausgewählter Nahrung gelabt, auf dass es tue, was es am liebsten tut: wachsen. Dieses Sichentfalten, Aufblühen, aus dem Dunkel der Erde in das Licht der Sonne Sprießen, Blatt um Blatt, Zweig um Zweig, Ast um Ast zu einer vollen Krone Wachsen – ist das nicht Leben? Warum also Kritik an all den Aktiengärtnern – haben sie nicht die Schönheit der Natur begriffen, unterwerfen sie sich nicht dem allmächtigen Prinzip des Werdens? Wir verkennen ihre Sensibilität, ihre Demut vor der Natur, und wir übersehen die soziale Verantwortung, die sie selbstlos übernommen haben. Sie haben begriffen, dass sie verzichten müssen, schmerzvoll erkannt, dass ihr Liebstes – ein blühender Garten – nicht allen gegeben sein kann. Drei Millionen Gärten in Berlin – wie soll das gehen? Der Potsdamer Platz – eine Eichenschonung? Das Brandenburger Tor – ein Rankgerüst für Efeu und wilden Wein?

Nein, da greifen Verantwortung und schneidendes Verstehen, dass Häuser Raum sind für Arbeitsplätze, dass Touristen keine Blumenwiesen fordern, sondern Tradition, dass Straßen Lebensadern sind unserer steinernen Welt. Und das ist er – der Moment, der wahre Größe fordert, Verzicht zur Tugend weiht. Ich habe ihn verpasst, diesen epochalen Augenblick, in meinem Egoismus das Gebot der Stunde übersehen, mich wie geblendet meinen kleinlichen Bedürfnissen gewidmet und stumpf vor mich hingelebt, maulend über die Unzulänglichkeiten dieser Welt. Nicht so die Aktiengärtner! Wie wird es wohl geschehen sein? Gab es weise Telefonketten, wurde – von so vielen unbemerkt – ein Orden des Verzichts gegründet, ein Bündnis von Förderern altruistischer Floral-Gesellschaften? Ich werde es wohl nie erfahren.

Aber jetzt fällt es mir wie Schuppen von den Augen, plötzlich erkenne ich das Werkzeug ihres segensreichen Tuns: mein Bankkonto! Was anderes ist ein Konto als ein virtueller Garten?! Jahrzehnte habe ich nicht begriffen, dass ich Eigentümer fruchtbaren Bodens bin, mir eine Scholle – fähig zu Orgien blühender Pracht – anvertraut wurde. Und so starre ich fassungslos auf meine Kontoauszüge und schäme mich zutiefst über diesen Anblick veröderter Steppe. Tränen der Schmach tropfen auf dürre Bodendecker, wo Rosengärten Auge und Seele erfreuen könnten. Vertrocknete Flechten statt blühender Mandelbäume, mickriges Moos statt endloser schattiger Olivenhaine. Wie ein Blinder bin ich über staubigen Boden gestolpert, wo ich durch prachtvolle Parks hätte wandeln können. Ich habe es einfach nicht begriffen. Und dabei wäre es so einfach gewesen! Jede Bank hätte mir gesunde Setzlinge mit Wachstumsgarantie verkauft, die Schar der Pflanzberater war Legion, Fachmagazine lagen im Dutzend in jedem Kiosk bereit, der Fruchtbarkeitsindex DAX berichtete täglich vom Gedeihen virtueller Gartenkunst. Ich war ein Ignorant.

Aber damit ist es jetzt vorbei. Ich habe verstanden. Nie wieder werde ich mein Leben so sträflich verschlafen, ab sofort werde ich zu denen gehören, die sich einen blühenden Garten schaffen. Okay, vielleicht sind die Zeiten nicht gerade günstig –

aber wem will ich vorwerfen, so lange gewartet zu haben, wenn nicht mir? Better late than never, ich werde mit festem Griff Spaten und Harke, Gartenschlauch und Rasenmäher nutzen, ich bin dabei! Mein Glück ist grün, grün wie Rasen und Dollar. Und Schluss mit diesen lächerlichen Kleinigkeiten wie angeblich zu engen Flugzeugtoiletten! Nicht Reiskörner sind das Thema – wir reden über Melonen und Kürbisse! Shareholder-Value, verdammt noch mal, es geht um das große Ganze und nicht um irgendeine dämliche private Befindlichkeit!

Was machen wir also mit diesen blöden Flugzeugtoiletten? Mein Vorschlag: Die Grundfläche wird halbiert und lediglich ein kombiniertes Steh-Pinkel-Handwaschbecken eingebaut. Leute, das reicht doch! Hallo – abhocken könnt ihr zu Hause, in euer Auto habt ihr doch auch keine Toilette eingebaut, sondern schlagt euch in die Büsche. Alles klar?

Halt, stopp – Denkfehler. Das mit dem Steh-Pinkel-Handwaschbecken ist frauenfeindlich. Sorry, ich nehme es zurück. Frauen pinkeln nicht im Stehen. Klar, das akzeptieren wir natürlich. Wie wär's mit einem Kompromiss? Kleiner Wasserhahn an der Wand und im Fußboden ein Loch, nix mehr schweineteures Porzellan. So haben manche Kulturen Tausende von Jahren überlebt, ohne erkennbar Schaden zu nehmen. Na also! Wir müssen flexibel sein, Leute, im Kopf und weiter unten auch. Und das spart dann wieder mindestens einen halben Quadratmeter Fläche pro Toilette. Ein halber Quadratmeter ist nicht wenig, das würde locker für drei bis fünf Stehplätze pro Flugzeug reichen, je nach Buchungsklasse. Multipliziert mit der nun wirklich nicht unerheblichen Anzahl von Flugzeugen, die täglich unterwegs ist, kommt da die eine oder andere Busladung zusammen, die noch mitgenommen werden kann. Noch einmal: Flexibel sein im Denken ist angesagt. Immer nur nachbrabbeln, dass wir Exportweltmeister sind, bringt's auch nicht auf Dauer.

Halt – noch besser, jetzt bin ich im Thema. Fläche halbieren ist Quatsch – es bleibt dann ja immer noch die andere Hälfte, die Platz wegnimmt. Also ganz weg mit den Dingern, gar keine Flugzeugtoiletten mehr. Windeln sind angesagt! Warum ist noch niemand darauf gekommen bei der Lufthansa, pennen die da alle? Muss erst ein Knattermime wie ich kommen und erklären, wie die Aktie aus dem Knick kommt? Also – her mit der Kranich-Windel! Das ist es, Leute, das ist ein Riesending! Wenn der Lufthansavorstand das liest, machen die mich bestimmt zum Hon-Vip-Senator auf Lebenszeit. (Eine kleine Geste der Anerkennung sollte schon sein. Sonst gehe ich zu Air Berlin mit der Nummer. Die sind auch nicht schlecht im Sparen, wie man so hört.) Windeln! Erstens – die Dinger gibt es schon, in allen Größen, da muss nicht erst entwickelt werden. Nur Lufthansa-Logo draufdrucken, die Restfläche kann dann noch als Werbefläche vermarktet werden. Kauft Zellstoffaktien, Leute, das Ding wird der Kracher!

Zweitens: Vertrieb kostenneutral über Lufthansa-Windelautomaten an den Abfluggates. So drei, vier Euro sind bestimmt drin, wer läuft schon gern mit nasser Hose rum. Die Automaten haben sich nach spätestens einer Woche amortisiert, das haben uns die Banken doch vorgemacht mit ihren EC-Kisten. Inflight-Verkauf bringt auch noch mal was. So etwa 'n Fünfer das Stück wegen Mehraufwand wird bestimmt akzeptiert von den Kunden, hoher Blasendruck dämpft zuverlässig die Verhandlungsfreude. (Der Aufwand ist in Wirklichkeit gar nicht so groß, die Getränkewagen müssen halt geschickt gepackt werden.)

Drittens: Soziale Verantwortung raushängen lassen. Super Imageidee: Lufthansa gegen Jugendwahn! Welche Randgruppen werden bislang mit Windeln in Verbindung gebracht? Richtig: Säuglinge und Greise. Beide Gruppierungen leiden wie Sau unter dem Image potentieller Inkontinenz. Welch ein gigantischer Wandel steht an! Soziale Gerechtigkeit durch die Lufthansa-Windel als gesamtgesellschaftlich akzeptiertes Symbol grenzenloser Mobilität. Und wir wollen uns hier mal nicht als empathietriefende Altruisten aufspielen. Wir reden über eine neue Konsumentengruppe der Drei- bis Fünfundsiebzigjährigen! Lassen Sie sich das bitte mal auf der Zunge zergehen. Nennen Sie mir bitte mal ein Produkt, das so eine granatenmäßige Käuferschicht abdecken kann. Also außer Schnürsenkeln fällt mir da nichts ein. Aber wer außer Schnürsenkeln braucht das Image von Schnürsenkeln.

Nein, nein, das Ding ist wasserfest, das können Sie mir glauben. Nix als Vorteile. Und es ist nur noch eine Frage der Zeit, bis das Wort Windel in Vergessenheit geraten ist. »Bringst du bitte Lufthansas mit?«, wird man sich vor dem Einkauf zurufen. Die Dimension meiner Gedanken überwältigt mich. Mir wird schwindlig.

6
Lieber Herr Lagerfeld!

Ich schätze Sie sehr. Ihre Auftritte in Talkshows sind intelligent und amüsant, Ihre Art, sich zu präsentieren, wirkt auf mich auch nach Jahrzehnten nicht affig, sondern erfrischend selbstbewusst und stilsicher. Außer Ihnen fällt mir niemand ein, der sich mit schwarzen Handschuhen und einem Fächer in der Öffentlichkeit bewegen könnte, ohne dass ihm irgendeine perverse sexuelle Vorliebe oder tuntige Selbstverliebtheit unterstellt würde. Ich frage mich, woran das liegt.

Handschuhe trage ich nur bei deutlichen Minusgraden oder wenn ich mit meinem Motorrad unterwegs bin, einen Fächer würde man nie in meiner Hand sehen, obwohl ich zutiefst von seiner Wirksamkeit überzeugt bin. (Auch unter ökologischem Aspekt! Die brummenden bunten Propeller aus Plastik, die mir meine Maskenbildnerin im Hochsommer am Set vors Gesicht hält, um zu verhindern, dass die Schminke von meinem Schweiß fortgespült wird, verbrauchen schließlich Batterien, und schon ihre Herstellung dürfte so manche Rohstoffressource und die CO_2-Bilanz geschwächt haben. Aber das ist ein anderes Thema.) Würde ich also in einer Talkshow sitzen und Fächer und schwarze Handschuhe tragen, wären Irritationen beim Publikum die Folge. Man würde mir unterstellen, »auf

Lagerfeld« machen zu wollen – ohne dass Sie sich Fächer und Handschuhe haben schützen lassen, sind diese beiden Attribute offensichtlich zum sofort erkennbaren Bestandteil Ihrer Person, der Marke, die Sie als Person verkörpern, geworden. (Genial, Sie sind wirklich genial!) Darüber hinaus würde es schlicht und einfach nicht zu mir *passen*, in einer Fernsehsendung Handschuhe und Fächer zu tragen, das wäre nicht ich, ich würde verkleidet wirken, und meine Glaubwürdigkeit wäre dahin.

Handschuhe und Fächer, eigentlich doch recht profane Accessoires, können also verstärken oder beschädigen – je nachdem wer sie trägt. Oder geht es gar nicht darum, *wer* sie trägt, sondern wie derjenige, der sie trägt, damit *aussieht*? Sind es ausschließlich äußerliche Faktoren, die bestimmen, was jemand tragen darf, na ja, darf, so weit sollten wir nicht gehen, sagen wir also: tragen *sollte* oder eben auch nicht tragen sollte, wenn er eine Beschädigung seiner Person und in unmittelbarer Folge seiner Persönlichkeit vermeiden will?

Vergessen wir mal Ihre Handschuhe und Ihren Fächer, Herr Lagerfeld, die habe ich mehr so als Beispiel gemeint, die gehören zu Ihnen und zu niemandem sonst, das soll auch so bleiben, finde ich. Die Queen will ich in der Westminster Abbey auch nicht plötzlich mit Niki Laudas Parmalat-Basecap anstelle ihrer Windsor-Krone sehen. Aber könnte es sein, dass ich gerade begriffen habe, worum es bei Mode geht? Wow, ich werde ganz aufgeregt über meinen Gedanken, mit Mode hatte ich es bis jetzt nicht so, wissen Sie, das ist etwas für die anderen, ich bin nun mal dick, und da hat man mehr die Sorge, ob etwas passt, genauer: ob man irgendetwas *findet*, das passt.

Stopp – stimmt auch nicht: Das Gefühl, das alle Dicken kennen, die nicht permanent FKK machen, ist nicht, ich brauche etwas, das mir passt, sondern ich brauche etwas, in das ich *hineinpasse*, also andersrum, Herr Lagerfeld, verstehen Sie? Als Dicker ist man nicht so vermessen zu glauben, ein Kleidungshersteller würde sich Gedanken darüber machen, was seiner dicken Kundschaft passt, ach was, man geht demütig davon aus, dass man ein schweinemäßiges Glück hat, wenn man sich in eines der wenigen Stücke, die für Dicke vorgehalten werden, in einer viel zu engen Umkleidekabine reinzwängen konnte, ohne dass gleich alle Knöpfe abgeflogen sind und die Hälfte der Nähte ignoriert hat, dass das wirklich ernst gemeint war mit dem Zusammennähen. Ehrlich, Herr Lagerfeld, so ist das bei Dicken, da kommen Sie gar nicht erst auf die Idee, über etwas wie Stoffqualität, Dessin und Schnitt nachzudenken. Erhöhter Beschaffungsdruck sozusagen, was einigermaßen passt, wird genommen, auch wenn es noch so behämmert aussieht.

Das war jetzt aber nicht das, was ich über Mode begriffen zu haben glaube, das war jetzt mehr die Abteilung Dicke leben modelos, warm halten und bedecken sind angesagt, nicht etwa schmücken und umschmeicheln. Genähte Riesenportionen Sättigungsbeilage gewissermaßen. Dicker, für Seeteufel und Rehrücken ist auf deinem Teller kein Platz!

Na ja, und bei Mode geht es doch eher um Rehrücken und Seeteufel, oder? Mode soll doch schön sein und elegant oder sportlich und aus hochwertigen Produkten hergestellt, und sie soll doch die Persönlichkeit betonen und nicht nur verhindern, dass einem die Leute auf den nackten Hintern glotzen, darum geht es doch, oder irre ich mich, Herr Lagerfeld? Hat Kleidung nicht die Aufgabe, Menschen das Gefühl zu geben, sie seien etwas Besonderes? Sollen Menschen sich nicht wohlfühlen in der Kleidung, die sie tragen? Und soll Kleidung nicht Ausdruck von Individualität sein, schaut her, dieses besondere Kleidungsstück habe ich mir für mich ausgesucht, niemand sonst auf der Welt würde in diesem Kleidungsstück genauso toll aussehen wie ich?

Natürlich ist das Quatsch, die meisten Menschen tragen aus Kostengründen konfektionierte Kleidung, und natürlich ist ein Sakko von der Stange genauso wenig ein individuelles Kleidungsstück wie eine Kunstpostkarte der Demoiselles d'Avignon das von Picasso gemalte Original ist. Aber das Gefühl, verdammt noch mal, das *Gefühl* ist da, wie bei einem Golf, einem Auto also, das die Exklusivität einer Bierflasche hat, aber von seinen Besitzern als hoch individuelles, einzigartiges Fahrzeug wahrgenommen wird. Das ist Psychologie, das ist gemacht, wir wollen uns bescheißen lassen, Hauptsache, wir fühlen uns wohl! Okay, so ist die Welt, und es gibt schlimmere Probleme als Menschen, die sich wohlfühlen aufgrund einer vorgegaukelten Entscheidungsfreiheit. Wir sind nun mal als Konsumenten unterwegs in einem Spinnennetz aus Farben und Formen und Materialien. Wir sind die Fliegen und merken es nur deshalb nicht, weil die Spinne uns nicht frisst, sondern mit unserem Geld zufrieden ist. So geht das Spiel. Aber leider nicht für alle.

Als Dicker verliert man sich beim Klamottenkauf nicht in einem scheinbar unendlichen Angebot, man kann nicht amüsiert Warenberge ignorieren, weil man Farbe und Schnitt unter aller Kanone oder prollig oder spießig oder sonst wie findet und sich gelassen dem nächsten Regal zuwenden, weil man ganz sicher irgendwo etwas Attraktives entdecken wird, oh nein, Shoppen, dieser lustvolle Zustand zwischen arrogant ablehnen und begeistert entdecken, ist nur etwas für Normalgewichtige.

Dicke shoppen nicht. Dicke gehen einkaufen, Dicke versuchen, etwas zu finden, Dicke sind unterwegs, weil sie etwas brauchen. Verstehen Sie, was ich meine, Herr Lagerfeld? Dicken wird die Lust verwehrt, die Beschäftigung mit Kleidung so reizvoll macht. Wo andere sich im Pool der Ästhetik räkeln, stolpern Dicke durch ausgedörrte Flussbetten. Helfen Sie mir, Herr Lagerfeld, ich verstehe es nicht. Warum diese Ächtung durch Angebotsverweigerung? Warum designte Lebenslust in impressionistischer Farbenpracht auf der einen Seite, auf der anderen sackartige Tristesse in einer Farbpalette, die alle Darmerkrankungen dieser Welt zu illustrieren scheint?

Ich meine, ich will doch nichts Unmögliches. Ich will eine Jeans kaufen, wie es sie millionenfach gibt – aber ich will sie verdammt noch mal mit dem Gefühl tragen, sie sei eine besondere Jeans, nur für mich gemacht, ich will also etwas erleben, was für Normalgewichtige Alltag ist. Aber wie soll das entstehen, wenn man als Dicker nur die Sorge hat, man könnte mal wieder den Knopf nicht zukriegen?

Mode ist etwas so Tolles, Sinnliches, warum kann ein Könner wie Sie nicht dafür sorgen, dass auch Dicke etwas Tolles, Sinnliches erleben, wenn sie sich einkleiden? Es muss ja nicht Chanel in achtundfünfzig sein, wer kann sich das schon leisten, aber schenken Sie uns doch etwas von Ihrem superben Können in einer kleinen, fröhlich-eleganten Produktlinie in großen Größen. Sie mussten doch auch mal etliche Kilo mehr mit Ihrem Fächer kühlen, das ist ein paar Jahre her, ich weiß, aber Sie werden sich vielleicht erinnern, wie es sich anfühlt, wenn die Hose klemmt und das Karo zur Raute wird. (Pardon, ich wollte gerade witzig sein. Ich glaube natürlich nicht, dass Sie karierte Hemden tragen. Und wenn doch, würde das Karo sicher nicht Karo heißen, sondern Carré oder so, ach Quatsch, das ist doch das, was man vom Lamm isst, oder? Ist schon klar, dass Sie sozial und ästhetisch in einer anderen Liga spielen.)

Mich würde aber trotzdem interessieren, wie das war für Sie, also für Sie ganz persönlich, als Sie bemerkten, dass sich Ihre Maße in eine Richtung verändern, die Ihnen nicht passt.

(Also das war jetzt aber elegant, finde ich, das mit dem nicht passen, oder? Wenn der Reißverschluss klemmt, bedeutet das ja auch, dass das Selbstbild klemmt, zunächst jedenfalls, als Newcomer gewissermaßen. Sind Sie dann irgendwann erfahrener Dicker, ist das Normalität mit der Klemmerei, in Ihrem Kopf wie auch in der Umkleidekabine.)

Verzeihen Sie die Abschweifung, ich bin manchmal richtig begeistert von dem, was mir einfällt, Ersatz, verstehen Sie, ein Anblick, an dem ich mich erfreuen kann, denn vor dem Spiegel geht es eher suboptimal zu. Also – zumindest im Ansatz müssen Sie doch erlebt haben, wie sich das anfühlt, nicht mehr reinzupassen, weder in die Hose noch ins Selbstbild. Aber Sie haben sich, glaube ich, nicht lange mit dem Thema auseinandergesetzt, leider nicht, finde ich, vielleicht gäbe es ja attraktivere Kleidung für mich, wenn Sie sich so richtig eingelassen hätten aufs Dicksein, das wollten Sie halt nicht. Sie haben damals lieber ein Abnehm-Buch geschrieben und waren ganz schnell wieder da angelangt, wo es von Haus aus nicht kneift.

Sorry, aber ich finde ja schon, um beim Kneifen zu bleiben, dass Sie damals ein bisschen gekniffen haben. Das wäre doch *die* Chance gewesen, aus eigener Erfahrung heraus Entwürfe für einen Menschentyp zu machen, mit dem Sie es vor und nach Ihrer – nun ja, nennen wir es rundlich oder besser: stattlich, ja, stattlich, das ist auch eines dieser Scheißwörter, mit denen Dicke beleidigt werden, wenn ein Dünner sich entschlossen hat, nett zu sein zu seinem Gegenüber – egal, also für einen Menschentyp, mit dem Sie es vor und nach Ihrer … schwere Phase beruflich nie wieder zu tun hatten. Ehrlich, ich halte das für eine so richtig vergeigte Chance! Ich stelle mir vor, ganz viel verpasst zu haben: ein neues Körpergefühl, neues Selbstbewusstsein, mehr Freude, mehr Ansprache, ach, Herr Lagerfeld, wie schön wäre es gewesen.

Aber vielleicht irre ich mich, vielleicht haben Sie ja tatsächlich Entwürfe gemacht für Bauchgrößen und Hüftweiten, die Ihnen bis dahin unvorstellbar waren wie eine Schweinshaxe auf einem vegetarischen Buffet. Vielleicht gab es sie wirklich, die Prototypen dicker Eleganz, die Erlkönige voluminöser Schönheit, die ich so gern gesehen hätte. Vielleicht gab es sie, aber Sie haben den Anblick nicht ertragen, weil in Ihrer Welt ein Strich schöner zu sein hat als ein Kreis.

Ich werde es wohl nie erfahren. Das wird mich nicht umbringen, aber traurig finde ich es schon. Ach was, traurig, gestrichen, ich bin ein zu alter Fuchs in Sachen Dicksein, um bei diesem Thema noch träumen zu können. Der Satz war für meine Leser bestimmt, die sollen schließlich für das sensibilisiert werden, was Dicke durchmachen in dieser dünnen Welt. Und Ihnen entlockt dieses Thema wahrscheinlich eh nur ein dezentes Gähnen, unsichtbar für die anderen, weil Sie Ihren Fächer davor halten. Ist schon gut, ich bin Ihnen nicht böse, schließlich sind Sie ja nicht der einzige in Ihrem Beruf, der sich so verhält. Ich weiß nicht, was Sie zum Beispiel von Wolfgang Joop halten, der hat früher auch mal so richtig in Klamotten gemacht, oder von Otto Kern, der war auch so einer. Hätte ich alles gern getragen, ehrlich, die Stoffe, die Farben, die Schnitte, wunderbar. Ich habe die Teile manchmal sogar gekauft und in den Schrank gehängt und mir vorgenommen, ganz schnell ganz viel abzunehmen, um diese schönen Stücke tragen zu können. Hat natürlich nicht geklappt. Aber Sie wissen ja, kleine Geschenke pflegen die Freundschaft, und meine Freunde sahen wirklich toll aus in den Klamotten, nur für mich war mal wieder zappenduster mit chic.

Das ist gemein, Herr Lagerfeld, so gemein. Etwas toll zu finden heißt doch auch, Ihre Arbeit als Couturier zu schätzen, begriffen zu haben, was Sie erzählen wollen, da ist es doch nun wirklich kein weltfremdes Verlangen, reinpassen zu wollen, tragen zu können, was zum Anziehen geschaffen wurde.

Kleidung ist schließlich ein Versprechen. Zieh mich an, und du bist wunderschön. Zieh mich an, und du wirst durch die Welt schweben wie ein Model über den Laufsteg. Zieh mich an, und deine Mitmenschen werden dir zujubeln wie einem Filmstar auf dem roten Teppich. Hallo – das würde ich gern einmal überprüfen! Ich bin noch nie durch die Welt geschwebt wie ein Model über den Laufsteg, mir hat noch niemand zugejubelt, weil ich so toll gekleidet bin, ich hatte noch keinen Anzug, der mich wunderschön gemacht hat.

Warum geben Sie mir nicht die Chance, Herr Lagerfeld? Oder funktioniert es etwa nicht? Springt die Wirkung nur an bis Größe achtunddreißig? Ab Bohnenstange aufwärts wird die Masse kritisch, Eleganz implodiert im schwarzen Loch der langen Gürtel?

Ein kalter Schreck durchfährt mich. Plötzlich spüre ich, Sie sind ein Magier. Sie wissen mehr als andere. Sehr viel mehr. Sie sagen es nur nicht, weil Sie ein diskreter und höflicher Mensch sind. Sie wollen nicht verletzen.

Bitte nehmen Sie meine Entschuldigung an. Ich habe verstanden.

Hat uns das Aussterben der Saurier nicht ein für alle Mal erklärt, dass für Dicke kein Platz ist auf dieser Welt? Hartnäckig ignorieren wir diese Wahrheit, weltfremd beharren wir auf unserer Körperfülle. Trotzdem lässt man uns leben auf diesem Planeten. Die Dünnen lassen uns gewähren. Sie treiben uns nicht an die Steilküsten, ersparen uns den altruistischen Sprung in die Tiefe. Wir sollten dankbar sein. Und endlich still.

7
Dick im Geschäft

Ich erinnere mich noch gut an meine erste Fernsehrolle.

In Hamburg wurde 1975 eine Vorabendserie mit dem für mich damals sehr programmatischen Titel *Wege ins Leben* gedreht. Ich spielte einen Schriftsetzer, der auf dem zweiten Bildungsweg sein Abitur nachmacht und vor lauter Überarbeitung ständig Stress mit seiner Frau und seinem kleinen Kind hat. Alles ist möglich, war die Aussage, aber es wird nicht leicht, der Weg ist steinig.

Jaja, das waren sie noch, die guten alten Zeiten, mit Bleibuchstaben und Handsatz, das hieß, glaube ich, »Akzidenz«, was der Typ da machte. Das sage ich jetzt, damit Sie kapieren, dass es auch in meinem Beruf Menschen mit humanistischer Bildung gibt, kann ja nicht schaden, ein bisschen Respekt vor dem Autor. Das waren sie also noch, die guten alten Zeiten mit Handsatz, Bleibuchstaben, vom Arbeitgeber zu stellenden Milchrationen und diesen sperrigen hölzernen Setzkästen, die dann irgendwann, für immer und ewig ausrangiert aus ihrem professionellen Umfeld, nach einem Umweg über den Flohmarkt ein zweites Leben begannen und millionenfach, mit unnützem Krempel vollgestopft, die Wände unzähliger WG-Zimmer schmückten und so der Nippeskultur einen Migrationspfad aus dem kleinbürgerlichen Lager in die Niederungen alternativer WG-Zimmer ebneten.

Pardon, ich schweife ab. Aber so ein bisschen Zeitkolorit ist doch gar nicht schlecht, wenn biographische Dinge erzählt werden, das kann eine gewisse Behaglichkeit auslösen beim Lesen, verbales Kaminknistern sozusagen, Sie sollen sich ja wohlfühlen, wenn Sie diese Zeilen lesen.

Oh – das war jetzt nicht so gut, fürchte ich. »Wenn du diese Zeilen liest …«, solche Sätze gehen meist weiter mit »… bin ich schon tot.« Oder: »… bin ich auf dem Weg nach Usbekistan zu meiner Geliebten …« Oder, und das wäre jetzt ganz schlimm für dieses Buch: »… bin ich schon lange dünn.«

Streichen und zurück nach Hamburg ins Fernsehstudio.

Ich spielte also diesen Schriftsetzer, und weil das meine erste Rolle im Fernsehen war, machte ich mir fast in die Hose vor lauter Angst, nicht gut zu sein. Wobei ich keinen blassen Schimmer hatte, was »gut zu sein« überhaupt bedeutete, die Tatsache, dass sie mich nicht vom Set verjagten, legte ich zu meinen Gunsten aus und vermutete tapfer, dass es wohl nicht so ganz schlecht sein konnte, was ich da zum Besten gab. Zum Abschied wünschte mir der Regisseur viel Glück für die Karriere, die ich ohne Zweifel machen würde, sei es doch schließlich ausgesprochen selten, dass ein junger Schauspieler verstehen und auch noch umsetzen könne, was er zu inszenieren beabsichtige. Darüber hinaus sei ich ein Typ, den es wahrlich nicht so oft gebe.

Zwei Dinge hatte ich bei diesem ersten Fernsehengagement gelernt. Man macht Karriere, wenn man verstehen und dann auch noch umsetzen kann, was der Regisseur inszenieren will. Meine Freude über diese Erkenntnis hielt sich in Grenzen, bedeutete diese Definition des Berufes doch nichts anderes, als dass ich Ensemblemitglied irgendeiner Augsburger Puppenkiste sein würde, nur ohne Fäden.

Die zweite Erkenntnis gefiel mir schon besser. Ich war also ein Typ, den es nicht so oft gibt. Das klang nicht schlecht. Ein bisschen Exotik, ein bisschen Marktlücke, ein bisschen Jemand-ganz-Besonderes-Sein – der Ausflug nach Hamburg hatte sich gelohnt, nicht nur finanziell. Für einen Drehtag hatte ich so viel bekommen, wie es sonst Bafög für einen ganzen Monat gab, und ich hatte *fünf* Drehtage gehabt, hey, da schaut man plötzlich ganz anders aus der Wäsche. Wohlstand zog auf in meiner von knappen Dispogrenzen geknebelten persönlichen Budgetplanung. Beim Betreten der kontoführenden Bankfiliale konnte ich auf das Einnehmen der devot-geduckten Körperhaltung verzichten, die sich als mitleidauslösend bewährt hatte, wenn es darum ging, von der freundlichen Dame auf der anderen Seite des Schalters noch einen Fünfziger jenseits des Dispokredites zugeschoben zu kriegen. Oh ja, das Leben meinte es plötzlich gut mit mir.

Vorübergehend jedenfalls. Bis zur nächsten positiven Kontobewegung dauerte es eine ganze Weile, zunächst machte ich meinen Abschluss an der Berliner Max-Reinhardt-Schule.

Wie an staatlichen Schauspielschulen üblich, absolvierte ich mit den Kommilitonen meines Jahrgangs ein Vorsprechen vor Vermittlern einer staatlichen Agentur, die sich redlich bemühte, Berufsanfänger wie mich in Amt und Würden zu bringen.

Ich hatte – geradlinig meinen Interessen folgend – Szenen aus Georg Büchners *Leonce und Lena* und einem gemeinsam mit einem Dozenten erarbeiteten Stück über den Kindermörder Jürgen Bartsch vorbereitet. Ich war nervös, aber es lief ganz ordentlich. Dachte ich. Nach meinem Auftritt blieb es eine Spur zu lang still im Zuschauerraum. Ich war nicht schlecht, das wusste ich, aber so gut, dass den Profis minutenlang die Luft wegblieb, war ich sicher nicht, das wusste ich auch. Was war los da unten?

Die Laute, die ich schließlich nach ausführlichem Geräusper zu hören bekam, schienen mir aus einer anderen Galaxie zu kommen. Ich verstand einfach nicht, was mir wortreich in einer seltsam beleidigten Attitüde aus dem Zuschauerraum entgegenschallte. Offensichtlich hatte ich einen Tabubruch begangen. Die Vermittlungsprofis waren sich einig: Einen Prinzen wie Büchners Leonce darf *einer wie ich* nicht spielen. Das geht einfach nicht. Und das mit dem Kindermörder Bartsch sollte ich auch ganz schnell vergessen, interessante Figur der jüngeren Zeitgeschichte, dokumentarischer Ansatz, jaja, haben wir alles verstanden, aber *»einer wie Sie«* hat damit keine Chance an einem deutschen Theater, das können wir Ihnen versprechen. Und überhaupt, die Dozenten seien ja wohl etwas weltfremd gewesen, *einen wie mich* mit solchen Stücken auf ein Vorsprechen vorzubereiten. Was meinten sie bloß? Okay, beim Drehen in Hamburg hatte man mir gesagt, dass ich ein Typ sei, den es angeblich nicht so oft gebe in unserem Geschäft. Das hatte ich für mich positiv ausgelegt und gehofft, dass es Vorteile habe, wenn man als seltene Pflanze unterwegs ist.

Aber als Schauspieler keinen Prinzen und keinen Kindermörder spielen zu dürfen erschien mir nicht gerade als Vorteil. Irgendetwas klemmte da, und zwar heftig. Ich stand auf der Bühne und versuchte meine Gefühle, die von Verletztheit über Scham, Hilflosigkeit und Wut reichten, zu sortieren. Dieses etwas wirre Spektrum meiner Befindlichkeit gab mir wohl als Außenwirkung die Aura eines begossenen Pudels, der Ton meiner Henker wurde versöhnlicher und mir wurde endlich erklärt, was mit *»einer wie Sie«* gemeint war: meine »körperliche Statur«. Was bitte? Meine *»körperliche Statur«*.

Haha, warum so geschwollen? Dick! Sie meinten *dick* und trauten sich nicht, es auszusprechen. Also gut, ein junger Schauspieler mit meiner körperlichen Statur …

Au Mann, ich merke gerade, dass ich mich immer noch aufrege, wenn ich an diese demütigende Situation denke, das ist jetzt über dreißig Jahre her. Da sehen Sie mal, wie tief das geht, wenn man als Dicker rumdrucksenden Leuten gegenübersteht, die sich nicht trauen, einfach auszusprechen, dass irgendetwas nicht geht, zum Beispiel die Darstellung eines Prinzen, weil man *dick* ist. Toll. Das, was nicht geht, geht also nicht deshalb nicht, weil man *dick* ist, sondern weil man die *körperliche Statur* hat, die man hat. Und das weiß man ja in der Regel, wie die ist, die eigene *körperliche Statur*, bei Dünnen ist sie dünn, bei Hageren ist sie hager, und bei Dicken ist sie eben dick, ganz einfach. Warum soll man da noch dieses hässliche, wertende Wort *dick* in den Mund nehmen? Alle wissen doch auch so, was gemeint ist, und außerdem reagieren Dicke immer so empfindlich, wenn man Ihnen sagt, dass sie dick sind, das müssen wir uns nun wirklich nicht antun.

So verschroben haben die wohl damals gedacht da unten im Zuschauerraum, wahrscheinlich fanden sie sich unheimlich sensibel, weil sie einem dicken jungen Schauspieler das Wort dick erspart haben. Oh wie waren sie besorgt um mein seelisches Wohlergehen, wie schonten sie mich, wie halfen sie mir, mein grauenvolles Schicksal zu ertragen, diese Gutmenschen und Küchenpsychologen.

Ich hasse diese verlogene Rücksichtnahme wie kaum etwas auf der Welt, weil sie in ihrer widerlichen Feigheit auch noch für die doppelte Bestrafung des Adressaten sorgt.

Als Dicker merkst du sofort, dass da mal wieder jemand aus der Abteilung »Dicke sind ja irgendwie wie Behinderte, Vorsicht ist angesagt!« tätig wird. Und kaum ist dir freundlich serviert, dass du aussätzig bist und darum – was auch immer – nicht kriegen oder tun darfst, folgt der zweite Knaller. Auch er ein prächtiger pain in the ass, ausgelöst durch die bescheuerte

Verpackung des unaussprechlichen Wortes dick in ähnlich sensible Prosa wie die bereits erwähnte »körperliche Statur«.

Das ist dann die Hölle, weil du kapierst, die anderen kapieren nicht, dass du sehr wohl kapiert hast, was sie dir gerade an den Kopf geknallt haben. Neben den üblichen Vorbehalten gegen Dicke musst du also auch noch aushalten, dass man dich für so doof hält, nicht zu verstehen, dass *dick* drin ist, wo *körperliche Statur* drauf steht. Na super, aber die Kombination dick und doof hat sich ja schon einmal an anderer Stelle hervorragend bewährt.

Und versuch bloß nicht darüber zu reden. Komm bloß nicht auf die Idee zu sagen, hey, ihr könnt ruhig »dick« sagen, das macht mir nichts aus, ehrlich, ich weiß, wie ich aussehe, ich weiß, was ich wiege, ich weiß, dass ich *dick* bin, aber ich habe wirklich kein Problem damit.

Keine Chance. Nicht die geringste. Glaubwürdigkeitsstufe null.

In einer Millisekunde rastet Stufe zwei des Dicken-Bashing-Programms ein. Stufe eins ist: »Wir-geben-uns-sozial-verträglich-und-vermeiden-das-Wort-dick«.

Stufe zwei: »Wir-haben-es-versucht-aber-wenn-er-oder-sie-das-nicht-akzeptiert-wird-er-oder-sie-schon-sehen-was-er-oder-sie-davon-hat.«

Was man davon hat, ist zuerst einmal die Unterstellung von Aggression. Egal wie sanft und freundlich man darauf hingewiesen hat, kein Problem mit dem Dicksein zu haben – allein der Umstand, das vermeintliche Schonungsangebot nicht angenommen zu haben, lässt bei der Gegenseite das Wahrnehmungsspektrum auf die Dimension einer extrem schlanken Geraden zusammenschnurren: Nix geht mehr, ist angesagt. Übersetzt man die schlanke Gerade in Worte, kommt ungefähr der Satz heraus: »Boah, ist der aggressiv. Es macht ihm eben doch was aus, dick zu sein.« Als Ergänzung wird dann gern noch profundes Weltwissen ausgepackt: »Es wäre ja auch ein Wunder, wenn es ihm nichts ausmachen würde, ich meine, wer will schon dick sein ...«

Oh ja, da kommt Freude auf. Wie gesagt, seit über dreißig Jahren freue ich mir über dieses Ritual ein Loch nach dem anderen in den Bauch, das Bild ist ziemlich ausgelutscht, ich weiß, aber es passt natürlich schweinegut zum Thema. »Auslutschen« übrigens auch, merke ich gerade, Dicke sollen ja so furchtbar orale Typen sein, wie man so hört, wahrscheinlich nicht lange genug gestillt, das wird man dann ja nie los.

Schluss. Aus. Ich hör jetzt mal auf mit dem Beleidigtsein und mache beim Vorsprechen weiter. (Auch wenn ich allen Grund dazu habe, beleidigt zu sein – das müssen Sie zugeben.)

Sie erinnern sich? Damals an der Schauspielschule, diese Sache mit den Vermittlern und der körperlichen Statur? Gut. Ein junger Schauspieler mit meiner körperlichen Statur durfte also nach Ansicht der Vermittler weder Prinzen noch Kindermörder spielen, wenn er ernsthaft in Erwägung zog, an einem deutschen Theater ein Anfängerengagement ergattern zu wollen. Ende der Diskussion. Dabei hatte ich gar nichts gesagt. Ich war stumm vor Schreck. Ich passte mal wieder nicht rein. Diesmal nicht in eine Hose, diesmal nicht ins Leben. Vernichtungsangst ließ mich trocken schlucken. Was tun? Einfach von der Bühne gehen, raus aus der Hochschule und von der nächsten Brücke springen? Die berühmten kleinen Filme liefen auf einem spontanen Festival in meinem Kopf. Ganz kurze Kurzfilme zum Thema »Das vergeigte Leben«. Dann wieder die Stimmen aus dem Zuschauerraum.

»*Einer wie Sie* ...« Nein, bitte nicht schon wieder. Aber keine Spur von Gnade. »*Einer wie Sie* kann keine ätherischen Jünglinge spielen, das Publikum würde sich totlachen. (Wo bitte

steht bei Büchner, dass Leonce ein ätherischer Jüngling ist?)
Einer wie Sie muss *kernige* Typen spielen, den Ruprecht im
›Zerbrochenen Krug‹, *das* ist Ihr Fach.«

Das Kurzfilmfestival in meinem Kopf war beendet. Jetzt war
Realität angesagt. Mir wurde gerade das Fach zugewiesen, aus
dem ich bei Bedarf zu klettern hatte, um Erwartungen zu er-
füllen, die mit meinen Träumen ziemlich wenig zu tun hatten.

Ein klarer Deal: Rein in die Schublade oder einen anderen
Job suchen. Was für eine Wahl. Durch die lange Rumstudiere-
rei war ich schon ziemlich alt für einen Anfänger, für ein weiteres Studium bestimmt schon viel zu alt, und die Jobs, mit
denen ich mein Studium finanziert hatte – Brotfahrer, Plakat-
kleber, Studentische Hilfskraft in einem Wasserbauinstitut,
Kistenschlepper bei einer Spedition –, hatten nicht gerade die
Strahlkraft eines wahnsinnig interessanten Lebens vermittelt
und kamen als Alternative eher nicht in Frage.

Niederlagenstimmung. Berufswunsch stark gefährdet wegen Dicksein. Angebot: Nicht als Schauspieler arbeiten, sondern als *dicker* Schauspieler arbeiten. Halbe Stelle sozusagen.
Ich schluckte die Demütigung, hasste mich für das Schlucken
der Demütigung und lernte den Ruprecht.

*»Und hör euch ein Gefispre, ein Zerren hin, Herr Richter, Zer-
ren her …«*

Ich hab das jetzt nicht nachgeschlagen, daher keine Gewähr
für vollständige und werkgetreue Wiedergabe. Nehmen Sie's
als Synonym einer lange wirksamen Kränkung.

Für eine lange anhaltende Enttäuschung hätte ich auch
noch etwas: *»Was wollen Sie, mein Herr? Mich auf meinen Beruf vorbereiten?«*

Das wäre der Leonce gewesen. Fand ich gut damals, wenn
ein Anfänger so eine Frage stellt. Find ich eigentlich immer
noch gut. Aber ich durfte ja nicht. Ich war ja dick.

Mir fällt noch eine Frage ein: »*Was wollt ihr von mir, Leute? Mich auf mein Leben als Dicker vorbereiten?*« Das ist nicht von Büchner oder Kleist, das ist von mir, gerade frisch gedacht, wohl eher eine rhetorische Frage. Die hätte ich aber gut stellen können damals und immer wieder zwischendurch, wenn mir Leute mit diesem Thema auf den Geist gingen. Ich glaube, die Frage wäre jahrelang unter den Top Ten der meistgestellten Fragen gewesen.

Der Niederlage folgte eine Vorsprechreise durch die deutsche Theaterprovinz. Nicht gerade der rauschende Erfolg. Ich glaube, ich habe meine Widerstände gegen die Schublade mitgespielt, die Provinzfürsten konnten nichts anfangen mit mir, ich machte mich langsam mit dem Gedanken vertraut, dass ich einer bin, mit dem man nichts anfangen kann.

»*Interessanter Typ, aber zur Zeit kein Platz im Ensemble, vielleicht nächstes Jahr, wir melden uns.*« Die Standardfloskel zum Abschied. Raus aus dem Halbdunkel des Theaters, depressiv im Bett eines Hotelzimmers der untersten Kategorie verkrochen, tot gestellt bis zum nächsten Morgen, wenn es von einem Provinzbahnhof zum nächsten ging. Einsamkeit, wie ich sie nie wieder erlebt habe.

Das Fazit hätte eigentlich sein müssen: Dicksein ist scheiße, ich nehme ab.

War es aber nicht. Für mich war nicht Dicksein scheiße, sondern das Verhalten der – na, nennen wir sie mal »künstlerischen Entscheidungsträger«. Mir fehlte das Selbstbewusstsein zur Rebellion, meine große Wut, die nach der Depression kam, hat meinen Körper damals nicht verlassen. Es war, wie es war.

Die wollten mich nicht, ich wollte die nicht. Ich saß grübelnd im meinem WG-Zimmer und starrte auf erschreckende Kontoauszüge und Stellenanzeigen für ungelernte Hilfskräfte.

Der nächste Job wäre Hilfsarbeiter bei einem Chemikalienhersteller gewesen. Ich hätte mich irgendwo eingeschrieben, um weiterhin einen Studentenausweis zu haben, und Chemikalien abgefüllt oder zusammengemischt und ungesundes Zeug eingeatmet, und vielleicht hätte ich Krebs bekommen und ... stopp, stopp, stopp, die Larmoyanz muss jetzt nicht sein.

Sorry, aber ich habe mir gerade nachträglich ziemlich leid getan für einen Augenblick, da rutscht einem schon mal so etwas raus. Dabei würde ich auf die Frage, wie das denn bei mir so ist mit Selbstmitleid, vehement den Kopf schütteln und vielleicht sogar laut lachen, um zu unterstreichen, wie fern es mir liegt, selbstmitleidig zu sein.

Aber gut, das war schon knapp damals, ich war bereits achtundzwanzig, und hätte das Telefon nicht geklingelt, wäre die korrekte Berufsbezeichnung »verkrachter Student« gewesen.

Der Anruf holte die Berufsbezeichnung »Schauspieler« zurück in den Bereich des Möglichen. Es ging um ein Vorsprechen für eine der drei Hauptrollen in der dreizehnteiligen Verfilmung des Fallada-Romans *Ein Mann will nach oben*. Hunderte von Schauspielern und Schauspielerinnen wurden gecastet, ich schaffte die Vorauswahl und bekam schließlich die Rolle.

Obwohl ich dick war.

Mann, jetzt gehe ich mir aber langsam selber auf den Keks mit meiner Zickerei. Liegt wohl daran, dass ich schon lange nicht mehr über diese Zeit geredet habe, da kommt vieles wieder hoch, aber ich bin jetzt durch mit der Meckerei, versprochen. Außerdem bin ich Skorpion, und die sollen so schrecklich nachtragend sein, vielleicht ist das ja auch der Grund. Also mehr dicker Skorpion als dicke Mimose? Hm. Ich fürchte, meine Frau würde jetzt sagen, dass ich ohne jeden Zweifel einer dieser sehr seltenen dicken Mimosenskorpione bin. Sie nimmt mich nicht ernst, wenn ich über meine Probleme reden will. Auch etwas, was das Leben nicht so richtig einfach macht, aber das wird Sie nicht weiter interessieren.

Immer mal wieder ist zu lesen, dass Kalli Flau, so hieß der Exmatrose, den ich in der Fallada-Verfilmung spielte, mir meinen Durchbruch gebracht habe. Wobei ich nicht so richtig weiß, was da damals durchgebrochen sein soll, an der Leiste musste ich jedenfalls nicht operiert werden. Es soll wohl eher bildhaft verstanden werden. Vielleicht wie eine matschiggraue Fläche, unter der unvermittelt ein von gleißendem Lichtschein umgebener Koloss blubbernd aus der Tiefe auftaucht und – Unmengen graugrüner Matsche in die Gegend spritzend – die Oberfläche durchbricht und sich in Richtung Olymp auf die Socken macht. Verstehen Sie? Die graugrüne Matsche könnte das Bild sein für die schreckliche Anonymität, in der Tausende von unbekannten Schauspielern herumkrebsen, ohne dass auch nur die kleinste Blase hochkommt, also ohne dass irgendjemand die armen Künstler wahrnimmt. Und mit dem auffahrenden Koloss wäre dann wohl ich gemeint, kaum im Fernsehen und schon als Lichtgestalt unterwegs. Na ja, irgend so etwas stellt man sich wahrscheinlich vor, wenn man überhaupt anfängt, darüber nachzudenken, und es nicht dabei belässt, bedächtig zu nicken und bestätigend zu wiederholen, dass die Fallada Verfilmung mein Durchbruch war.

Für mich war es zunächst nur eine unglaublich tolle Rolle, ich konnte mein Glück nicht fassen, so etwas erwischt zu haben.

Erst später verstand ich, dass ich mit diesem Auftritt einen Fuß in die Tür zum Fernsehgeschäft geschoben hatte. Ich war plötzlich erfolgreich und hatte einen erstaunlichen Marktwert. Ich, der dicke Schauspieler, den sie im Theater interessant fanden, aber nicht haben wollten, wurde von Produzenten und Agenturen hofiert, ich war zu einem Ereignis geworden, an dem man teilhaben – und auch verdienen – wollte.

Und wieder bekam ich ihn zu hören, den verhassten Satz, der mit »*Einer wie Sie ...*« anfing, aber dieses Mal mit anderer Bedeutung. Bei den Theaterleuten hatte er den Geruch des Makels, der eingeschränkten Verwendbarkeit, hier, bei den Fernsehleuten, klang er wie ein Freudenschrei: »*Endlich wieder einmal einer wie Sie!*«

Ich fühlte mich angenommen, ich war willkommen, man freute sich, mich zu sehen. Was für ein Gefühl. Ich begriff schnell, dass auch beim Fernsehen in den Besetzungsstrukturen des Theaters gedacht wird, dass es auch hier Fächer gibt, dass mein Fach das des »jungen Dicken« war, aber hier tat es nicht weh, demütigte nicht, weil es offensichtlich etwas Besonderes war, etwas Seltenes, ganz so wie es mir damals der Regisseur meines allerersten Films vorhergesagt hatte.

Warum dieser Unterschied in der Bewertung meiner »körperlichen Statur«? Die Fernsehleute – Regisseure, Redakteure, Produzenten – dachten in meinen Anfängerjahren noch in den Traditionen der Fünfzigerjahre, einer Epoche also, die maßgeblich von den Ufa-Größen der Vorkriegszeit mitgeprägt wurde. Viele der damaligen männlichen Stars waren dicke Männer, Heinrich George etwa, Gustav Knuth, später dann Gerd Fröbe, der spindeldürr aus dem Krieg zurückgekommen war und sich bewusst seinen gewaltigen Körper anfraß, weil er wusste, dass seine Wirkung mit jedem Kilo Lebendgewicht zunahm. In der Wirtschaftswunderzeit tauchten dann Leute wie Heinz Erhardt auf, dicke, absolute Publikumslieblinge. Es gab etliche Dicke, die eine sichere Bank waren für gewaltige Zuschauerzahlen.

Aber was war mit dem Nachwuchs? Das Wirtschaftswunder

war vorüber, dicke Körper nicht mehr automatisch attraktiv, meine Spezies starb langsam aus. Mein Auftauchen muss wirklich so etwas wie ein kleines Wunder gewesen sein, ich wurde mit dem Etikett behängt, ein junger Gerd Fröbe, ein junger Heinrich George zu sein, was ich ziemlich vermessen fand, weil ich mich nun wirklich in einer anderen Liga bewegte. Aber es reichte, um dick und glücklich durch die Welt zu laufen. Die Zuschauer blieben mir treu, gemeinsam sind wir drei Jahrzehnte gealtert, vielleicht bin ich ja so eine Art guter alter Freund geworden, über den man sich freut, wenn er immer wieder mal auftaucht.

Aber auch die nachgewachsenen Zuschauergenerationen wenden sich nicht mit Grausen ab, wenn mein Konterfei auf dem Bildschirm erscheint. Ich scheine zum Leben vieler Zuschauer dazuzugehören, ich bin für sie einer, mit dem man durch dick und dünn gehen kann, man freut sich, dass er da ist. Meine Ausstrahlung funktioniert also nachhaltig, unabhängig davon, welcher Männertyp gerade angesagt ist. Ich werde gemocht, obwohl mein Bauch mit einem Waschbrett so viel Ähnlichkeit hat wie ein Hefekloß mit einem Mikadostab, ich darf mit einer Konfektionsgröße durch meine Filme laufen, die dem aktuellen Männerbild so widerspricht wie ein Imkeranzug dem Dresscode beim Wiener Opernball – egal. Der, der ich für die Zuschauer bin, hat offensichtlich Qualitäten, die eine schlanke, durchtrainierte Figur nicht zur unabdingbaren Voraussetzung für Attraktivität und Akzeptanz machen. Werte ist an dieser Stelle natürlich ein großes Wort, aber für irgendetwas in dieser Richtung muss ich wohl stehen, nicht ich als Person natürlich, sondern meine Wirkung, die den Zuschauern als Projektionsfläche für ihre Gefühle dient. Wahrlich kein schlechter Job, und das meine ich nicht so salopp, wie es vielleicht gerade klingt.

Ich bin nicht allein mit diesem »dicken« Erfolg. Auffallend viele erfolgreiche TV-Serien haben dicke Protagonisten. Ottfried Fischer, Dietmar Bär und Dieter Pfaff zum Beispiel, Joseph Hannesschläger von den Rosenheim Cops, der wunderbare englische Kollege Robbie Coltrane in *Für alle Fälle Fitz.*

Kevin James füllt als Kaufhaus Cop die Kinokassen, Gérard Depardieu ist mittlerweile so dick geworden, dass er für einen weiteren Asterix-und-Obelix-Film wahrscheinlich kaum noch ausstaffiert werden müsste. Und? Hat das seinem Können und seiner Beliebtheit geschadet? Nein.

Als Schauspieler darf man also dick sein und im richtigen Leben lieber nicht? Vielleicht ist es so. Das wäre schade für alle Dicken, die andere Berufe haben. Ein gigantisches Umschulungsprogramm könnte vielleicht Abhilfe schaffen. Vierzig Millionen deutsche Schauspieler, Weltrekord, im Fernsehen laufen auf dem Split Screen vierundzwanzig Stunden am Tag acht Serien parallel ... ist ja gut, ich weiß auch, dass das Quatsch ist, aber was wollen wir tun, um diese merkwürdige Schere in der Wahrnehmung wieder zu schließen? Vielleicht ausnahmsweise mal ein bisschen nachdenken?

Also: Warum begeistern, rühren, amüsieren mich dicke Menschen im Fernsehen, während ich einen Menschen mit der gleichen Figur zum Teufel wünsche, wenn er sich im Bus auf den Nebensitz klemmt?

Entschuldigung – was war das gerade? Es geht nicht ums Dicksein, es geht um die Person und ihre Persönlichkeit?

Interessant. Und *wo* geht es um die Person und ihre Persönlichkeit – im Bus oder im Fernsehen?

Wie bitte? Ich verstehe, Sie haben es eilig. Wir reden bei Gelegenheit weiter.

8
Dicke Lügen, dünne Lügen – die digitale Versuchung

Wenn ich beruflich unterwegs bin, fliege ich meistens. Bevor ich ins Flugzeug steige, versorge ich mich in einem der an Flughäfen in der Regel gut sortierten Zeitschriftenläden mit Lesestoff. Häufig ist irgendein Computermagazin dabei.

Was Computer angeht, bin ich nicht wirklich gut, weil ich nie den richtigen Zugang gefunden habe. Mehrfach habe ich in der Hoffnung, dass nun ganz bestimmt alles besser würde, zwischen den PC- und Apple-Welten gewechselt. Die Hoffnung hat sich aber nie erfüllt.

Solange es keine Probleme gibt, komme ich ganz gut klar mit meinem Computer. Aber wehe, irgendwo klemmt es. Keine Chance. Irgendjemand muss mir dann helfen, abgeschmierte Texte oder verschollene Fotos wiederzufinden, Attachments anzuhängen oder Bilddateien vor dem Verschicken zu komprimieren.

Ich fühle mich jedes Mal wie der letzte Idiot. Tapfer zu flüssig vorgetragenen Erklärungen nickend, vergesse ich innerhalb von Sekundenbruchteilen, was mir gerade erfolgreich demonstriert wurde.

Das Schlimmste sind die Blicke. So werden im Kindergarten Kinder angeschaut, die auch nach einem halben Jahr noch nicht kapiert haben, dass beim hölzernen Durchsteckspiel das Quadrat nicht in die runde Öffnung passt.

Und dieser Ton, in dem auf einmal mit mir geredet wird. So muss es sich anhören, wenn hoffnungslosen Fällen in der Beschäftigungstherapie erklärt wird, was man alles mit dem tollen bunten Knetgummi machen kann. Grauenvoll. Meine Stärken liegen halt woanders.

Und dabei bemühe ich mich ja. Ich kaufe diese Computerzeitschriften, weil mir die Themen auf der Titelseite Hilfe bei meinen Problemen versprechen. Das Synchronisieren von Mac und iPhone zum Beispiel habe ich bis heute nicht kapiert, obwohl ich mittlerweile vermutlich alle auf dem Markt erhältlichen Ratgeber angeschafft habe. (So etwas bestelle ich immer bei Amazon. Ich habe einfach keinen Bock, mit einer dicken Schwarte wie zum Beispiel *Mac für Dummies* in einer Buchhandlung an der Kasse zu stehen und wieder diese merkwürdigen Blicke aushalten zu müssen.)

Es hilft alles nichts. Neulich waren wieder alle Telefonnummern weg. Nummer für Nummer musste ich von einer alten Telefonliste in mein iPhone übertragen. Stundenlang habe ich mich mit meinen dicken Fingern über die Minitastatur gequält. Es war demütigend.

Die Liste hatte ich zum Glück noch gefunden. In einem Pappordner übrigens, auf Papier ausgedruckt, und die Nummern waren zum Teil sogar handschriftlich eingetragen.

Halt so wie früher, als die Welt noch in Ordnung war und die Sommer heiß ohne Ende und die Winter kalt und schneereich waren.

Natürlich war die Liste nicht mehr aktuell – was bitte ist ein Back-up? –, und ich werde bestimmt zunehmend für arrogant gehalten, weil ich mich nicht mehr melde und auch auf Nachrichten auf meiner Mailbox nicht reagiere. Meine soziale Vereinsamung wird einen Grad erreichen, der ganz bestimmt nicht gesund ist.

Hoffentlich hält meine Frau zu mir in diesen schweren Zeiten. Sie hat das mit den vergeigten Telefonnummern natürlich mitgekriegt und so komisch geguckt. Vielleicht sollte ich ihr mal wieder Blumen mitbringen oder sie zum Essen einladen. Ich werde wohl beides machen. Sicher ist sicher. Es wäre bestimmt nicht gut, wenn sie jetzt anfangen würde, in Zusammenhang mit mir über grundsätzliche Dinge nachzudenken.

Es ist zum Verzweifeln. Wobei Apple-Geräte doch angeblich so wahnsinnig intuitiv zu bedienen sind. Entweder habe ich nicht die richtige Intuition, oder die Geräte mögen mich nicht. Ehrlich, so weit ist es inzwischen: Ich schließe ein gestörtes Verhältnis zwischen meinem Computer und mir nicht mehr aus. Wundern Sie sich also nicht, wenn Sie demnächst Ihrer Zeitung entnehmen, dass ich zwangsweise in die Psychiatrie eingewiesen wurde, weil ich meinen Laptop wiederholt auf den Boden geschleudert und danach, wüste Beschimpfungen ausstoßend, zwei Stunden auf ihm herumgetrampelt habe.

Zum Glück bin ich kein Amerikaner. Sonst hätte ich sicher schon mindestens eine Beretta und etliche Handgranaten so auf meinem Schreibtisch platziert, dass mein Computer sie mit seiner integrierten Kamera sehen kann.

(Ich merke gerade, dass das gar keine schlechte Idee sein könnte. Balance of Terror! Bloße Abschreckung hat immerhin jahrzehntelang einen Atomkrieg zwischen Russland und Amerika verhindert. Da müsste es doch eigentlich eine leichte Übung sein, meinen blöden Computer in den Griff zu kriegen. Ich schau bei Gelegenheit mal bei eBay nach, was da so geht mit Handgranaten und Schusswaffen.)

Neulich habe ich also mal wieder hoffnungsfroh am Flughafen eine dieser Computerzeitschriften (*MACUP* 07/2009) gekauft, weil auf dem Titel die besten Tipps zum Synchronisieren von Mac und iPhone versprochen wurden. Mein Thema! Volltreffer! In spätestens einer Stunde würde ich ein anderer sein. Glückstrunken zahlte ich fünf Euro neunzig und schwebte zum Abfluggate. Im Flugzeug machte ich es mir bequem und schlug mit einem breiten Siegerlächeln im Gesicht Seite achtundsiebzig auf. Das Lächeln zerbröselte wie ein um Jahrzehnte überlagerter Schokoladenkeks.

Vielleicht sind Sie ja in der Lage, sich über Sätze wie »Um sein Adressbuch mit Google zu synchen, wird der Property List Editor aus den Xcode-Tools benötigt« zu freuen. Bei mir sorgen derartige Sätze blitzartig für schlechte Laune. Weil ich nicht den blassesten Schimmer habe, worüber die da reden.

Also wieder einmal Vollflop und das nicht eben unvertraute Gefühl, der dümmste Dödel der Welt zu sein.

Zusammenknüllen und aus dem Fenster werfen war der erste Impuls. Nun ist es im Flugzeug nicht so einfach mit dem Aus-dem-Fenster-Werfen. Zusammenknüllen ist normalerweise uneingeschränkt möglich. Trotzdem habe ich es mir verkniffen, ich weiß gar nicht, warum. Eigentlich bin ich nicht gerade der große Impulsunterdrücker, ich kann das auch ganz gut begründen, wegen Bauchgefühl und so, und wie wichtig das ist in meinem Beruf. Das wird in der Regel auch immer gut verstanden.

Na ja, ob »verstanden« weiß ich jetzt nicht so richtig, »akzeptiert« ist wahrscheinlich das bessere Wort. Oder »zur Kenntnis genommen«, genau, das ist es, es wird in der Regel gerade mal eben zur Kenntnis genommen. Sie kennen das sicher, wer hat schon Lust, genau hinzuhören, wenn irgendein Schauspieler irgendetwas vor sich hinblubbert.

Na gut. Ich habe diese nutzlose Zeitschrift also nicht zusammengeknüllt, ich habe sie trotz meiner feindseligen Gefühle durchgeblättert. Manchmal finde ich beim Durchblättern dann doch etwas, was ich gut gebrauchen kann, eine hübsche Laptoptasche, ein USB-Kabel in ungewöhnlichen Farben oder eine schnuckelige kleine externe Festplatte, die ich zwar nicht brauche, die aber cool aussieht, weil sie einen Schutzring aus orangefarbenem Gummi am Gehäuse hat.

Das ist so in etwa mein Niveau, verstehen Sie, ziemlich peinlich wahrscheinlich, aber so bin ich nun mal.

In der Tat wurde ich fündig. Keine Anzeige mit überflüssigem Schnickschnack, nein, ein Artikel sprang mir ins Auge. Eine Überschrift, die mich erstarren ließ: »Digitale Schlankheitskur«.

Mein Herzschlag setzte vorübergehend aus, die Atmung stellte ihren Betrieb ein.

Ich meine damit natürlich nur, dass ich ziemlich erstaunlich fand, was ich da las. Aber so ein bisschen Dramatisierung kommt doch ganz gut, das hält doch wach beim Lesen, oder? Na sehen Sie.

Ich starrte also diese fette Überschrift an. Ich hatte mich nicht verlesen. »Digitale Schlankheitskur«.

Wow. Das haut rein.

Die Zeile darunter war auch nicht schlecht: »Dank der digitalen Bildbearbeitung muss man sich heute nicht mehr mit Diäten und viel Sport in Form bringen. Die folgenden Beispiele zeigen verschiedene Herangehensweisen für eine digitale Schlankheitskur.«

Der nackte Wahnsinn. Das Ende aller Qualen – der Messias hat die Gestalt eines Computerprogramms angenommen. Ich sank innerlich auf meine Knie und begann tief gerührt den Artikel zu lesen.

Es lohnte sich. Schon im ersten Absatz wurde deutlich, dass hier Könner am Werk waren. Bei den beiden Frauen, die freundlicherweise als Beispiel dienten, sollten die Hüften schmaler, die Oberschenkel innen und außen schlanker werden. Da bin ich doch dabei, dachte ich mir, Oberschenkel sind zwar bei mir kein Thema, aber eine schmale Hüfte würde ich nicht gerade als störend empfinden. Der Vorschlag, die Knie zu verschmälern, um eine gerade Beinlinie zu erreichen, schien mir überdenkenswert. Dann der Satz, der mich vollends zum Fan machte: »Werden die Waden etwas zurechtgerückt, steht dem Auftritt auf dem Laufsteg nichts mehr im Wege.« Genial!

Meine Ohren begannen vor Begeisterung zu glühen, als ich weiter las. Schritt für Schritt, mit der Präzision begnadeter Chirurgen wurde die Technik der Verschlankung beschrieben. So schwer schien es gar nicht zu sein. Zunächst musste am Oberschenkel ein sogenannter Pfad angelegt werden, der die geplante Figur skizziert. Das kannte ich, das war bestimmt die Phase, in der die Ärzte im Fernsehen immer mit einem dicken Edding auf dem Körper aufmalen, wo Fett abgesaugt wird oder wo die Brustwarzen hinkommen, wenn diese glucksenden Schwabbelkissen reingestopft sind wie die Füllung in die Weihnachtsgans. Ein »Pfad« heißt das also, das war ja alles so interessant!

Aha. Im nächsten Schritt waren weitere Pfade an weiteren Problemstellen anzubringen. Klar, man macht natürlich zuerst das ganze Schnittmuster, bevor man anfängt, den Kittel zu nähen.

Das nächste Kapitel der Betriebsanleitung hat mich dann leider etwas irritiert. Ich habe einfach nicht verstanden, was damit gemeint war, dass es an einigen Stellen nicht zweckmäßig ist, die Form zu stempeln. Auch dass der Verflüssigen-Filter an diesen Stellen bessere Dienste leisten würde, hat mich nicht so richtig weiter gebracht. Ich beschloss daher, diesen

Teil zu Hause noch mal ganz in Ruhe durchzuarbeiten und las weiter.

Die Kapitel über Bauchverschlankung, Bauchmodellierung und Bauchverkleinerung haben mich dann wieder total begeistert.

Ich habe voll verstanden, wie das geht. Die Bauchkante wird einfach nach innen verschoben. Will man den Bauch dann noch stärker nach innen wölben, muss man einfach an den Steuerungslinien ziehen. Man kann aber auch einfach in die Fläche klicken, das geht dann auch. Das hängt damit zusammen, dass das Smart-Objekt ein Liniengitter bildet. Eigentlich ganz logisch, oder?

Interessant bei dieser Methode fand ich auch, dass man eine Brust nicht immer bearbeiten muss, wenn man sie vergrößern will. Klingt ein bisschen wie minimal-invasiver Eingriff, fand ich, das war bestimmt gut.

Ich habe aber nicht so ganz kapiert, wie das funktioniert, irgendwie muss da die Kontur verkrümmt werden. Das ist aber auch nicht so richtig mein Thema, ich finde meine Brüste eigentlich ganz okay.

Sie sollten den Artikel auch mal lesen. Immerhin wird versprochen, Beinen zu einer eleganteren Kontur zu verhelfen, mit wenig Aufwand einen Bauch zu verkleinern und die Brust einer Frau besser zur Geltung kommen zu lassen. Alles digital, versteht sich. Es tut also überhaupt nicht weh, anstrengend ist es auch nicht, und mit dem Preis von fünf Euro neunzig kann man sich nun wirklich arrangieren.

Mal ehrlich – so haben wir das doch gern, oder?

Ist ja gut, beruhigen Sie sich doch. So blöd bin ich nicht, mein Gott, ich fand es halt lustig so zu tun, als sei das kein Bildbearbeitungsprogramm, sondern eine Möglichkeit, reale Körper zu verändern. Ein Gedankenspiel, verstehen Sie, ganz so wie man sich vorstellen kann, von Lüneburg nach Kuala Lumpur gebeamt zu werden oder vom Schlafzimmer in die Küche.

Absolut harmlos, wirklich kein Grund, sich aufzuregen.

Ich mag solche Spielereien, vielleicht kommt das daher, dass ich Kinder habe.

Aber wenn Sie wollen, können Sie auch anders umgehen mit der Geschichte, das ist halt eine Typfrage. Wenn Sie sich gerne aufregen, finden Sie hier sicher einen geeigneten Anlass.

Immerhin wird – virtuell – an Frauenbäuchen, -beinen und -brüsten herumgebastelt. Die Chance, sich männlichen Bierbäuchen, Speckhüften und Wulstnacken zu widmen, bestand durchaus, wurde aber nicht genutzt. Passt in eine männliche Weltsicht, verwundert aber ein bisschen, wenn man beim Blick in das Impressum feststellt, dass eine Frau Artdirector ist und die Grafik nicht nur von Männern gemacht wird.

Hm. Vielleicht ist das sogar nur der erste Schritt, und für das Weihnachtsgeschäft wird das Bildbearbeitungsprogramm in einer erweiterten Version angeboten, die wie ein soft-pornographischer Baukasten funktioniert.

»CYPB – Create your personal bunny!« könnte ein Hit werden. Die im Folgejahr auf den Markt geworfene 3D-Version würde Verkaufsrekorde aufstellen und die Auflage des *Playboy* dramatisch sinken lassen.

Sie sehen, in diesem Thema ist Musik drin. Sie haben ja so recht mit Ihrer Meckerei.

Ich bin da ein bisschen gelassener. Mit feinem Lächeln registriere ich, dass das Thema »dick« mittlerweile so weit oben liegt in unseren mit permanenter Medienunterstützung vollgestopften Gehirnen, dass ein reflektierter und differenzierter Umgang mit dieser Problematik gar nicht mehr stattfindet.

Der Begriff dick ist als emotionsgeladenes Kürzel so perfekt positioniert, dass er nicht mehr hinterfragt oder erklärt werden muss. Es besteht Konsens.

Die Kausalkette Dick-Pfui-Wegmachen funktioniert als mediale Stimulanz hervorragend und vor allem mit großer Nachhaltigkeit. Schweinegrippe-Tamiflu-wir-werden-alle-sterben ist dagegen eine Eintagsfliege mit null Chance auf Einzug in die Hall of Fame der gruseligsten Schlagzeilen. Was für eine Leistung.

Wäre dieser Zustand Ergebnis einer erdachten Kampagne, hätte der Begriff genial endlich einmal seine Berechtigung und die Liste der reichsten Frauen und Männer der Welt neue Spitzenreiter.

Wir haben es aber nur mit einem Selbstläufer zu tun, der durch ständige Wiederholung in unserer Wahrnehmung einen Sättigungsgrad erreicht hat wie Milchreis mit zu wenig Milch. Eine vertraute dumpfe Pampe mit keiner anderen Aufgabe als schnelle Sättigung inklusive selbstzufriedenen Rülpsers. Danke, wir wissen Bescheid.

Und darum wundert es mich auch nicht, was dabei herauskommt, wenn ein Computermagazin originell sein will. Das Thema ist ja nicht uninteressant, die Bearbeitung eigener Fotos kann Spaß machen und durchaus so etwas wie Kreativität generieren. So weit ist alles im grünen Bereich. Aber warum fällt den Herrschaften als Anwendungsbeispiel nichts anderes ein, als vermeintlich zu dicken Frauen auf ihren Fotos die berühmten Problemzonen zu retuschieren?

Ist das ein Anzeichen von Mitgefühl? Sendungsbewusstsein? Ernstgemeinter Lebenshilfe oder schlechtem Geschmack?

Ich will die Antwort gar nicht wissen, es wäre eh nur ein irritiertes Gestammel rund um den heißen Brei herum zu hören. Der heiße Brei ist gekocht nach bewährtem Rezept aus dem Kochbuch »So machen es alle. Blitzküche für Unreflektierte«.

Dieses virtuelle Werk mit höherer Auflage als die Bibel ist ungemein praktisch. Die empfohlenen Zutaten garantieren Erfolg bei neunundneunzig Prozent der Bevölkerung. Niemandem fällt auf, dass nur ein einziges Gericht immer wieder gekocht wird: trübe Assoziationssuppe mit Einlage. Die Einlagen variieren je nach Tagesform. Spitzenreiter seit Jahren: »dick«. »Vogelgrippe« wurde letztes Jahr gern eingestreut, aktuell wird »Schweinegrippe« gern geordert. Zyklisch schwimmen Schmankerln wie »Reichensteuer«, »Kampfhunde«, »Gammelfleisch« oder »Komasaufen« ganz oben in der Brühe.

Guten Appetit. So ist sie eben, unsere Welt. Macht nichts, merkt ja keiner.

Ich hör ja schon auf. Sie haben recht – es gibt nun wirklich Schlimmeres, als sich am Computer darum zu kümmern, dass die Brust einer Frau besser zur Geltung kommt.

Stimmt wahrscheinlich. Etwas Schlimmeres finden wir bestimmt. Schließlich sind wir alle große Könner in der Bedienung der Schlimm-schlimmer-am-schlimmsten-Skala.

Könner? Ach was – Virtuosen sind wir, Weltmeister, Giganten. Wir können wirklich zufrieden sein. Das soll uns erst einmal jemand nachmachen.

Schade. Das wäre jetzt ein schöner Schluss gewesen für dieses Kapitel. Leichte Ironie, ein gekonnter Spagat zwischen moralischer Empörung und Gutmenschattitüde – das hätte Sie wahrscheinlich ordentlich für mich eingenommen. Ich hätte blendend dagestanden als ein empathischer, nachdenklicher und für einen Schauspieler gar nicht mal so dummer Mensch.

Tja, dumm gelaufen. Aber ich kann einfach nicht anders. Wenn ich Ihnen jetzt verschweigen würde, was Alexandra Shulman gesagt hat, würden Sie bei Gelegenheit bestimmt selber drüber stolpern und sich dann furchtbar darüber aufregen, dass ich scheinheiliger Blödmann nur die halbe Geschichte erzählt habe.

Das will ich nicht, schließlich geht es um mein Bild in der Öffentlichkeit. Da muss man schon aufpassen als Promi, ehrlich, das ist nicht ohne, wenn das positive Bild, das man sich in Jahrzehnten mühsam erarbeitet hat, plötzlich ins Rutschen kommt, nur weil man mal die Hälfte weggelassen hat. Kapieren Sie, mit welchem Druck ich fertigwerden muss? Das hätten Sie nicht gedacht, stimmt's?

Und mal Hand aufs Herz – Sie erzählen doch bestimmt nicht immer alles bis auf das letzte i-Tüpfelchen genau. Na sehen Sie. Ist doch auch normal. Mensch, so ein bisschen Lässigkeit macht das Leben doch erst lebenswert, verstehe ich voll, aber bei mir ist das eben was anderes, leider, ich hab das wirklich nicht geahnt, als ich angefangen habe mit meinem Job.

Egal. Alexandra Shulman war gerade das Thema. Alexandra Shulman ist die Chefin der englischen *Vogue*, also der *Brigitte* für die, die sehr viel mehr Kohle auf dem Konto haben als die, die die richtige *Brigitte* lesen. Und Alexandra Shulman hat der *Times* erzählt, dass die *Vogue* – halt, ich sollte vielleicht damit anfangen, dass Alexandra Shulman Briefe geschrieben hat an Größen der Modeszene, also zum Beispiel Designer wie Karl Lagerfeld oder John Galliano und an Firmen wie Yves Saint Laurent, Versace und Prada.

In diesen Briefen ging es darum, dass Alexandra Shulman es nicht gut findet, dass die Kleidungsstücke, die ihr von Designern und Modehäusern zugeschickt werden, um für die *Vogue* fotografiert zu werden, so winzig sind, dass Models ohne Busen und Hüfte und mit hervorstehenden Knochen engagiert werden müssen, weil sonst niemand reinpasst in die Klamotten.

Ich bin nun wirklich kein *Vogue*-Leser, und Yves-Saint-Laurant-Anzüge sind wahrscheinlich höchstens so groß wie meine Boxershorts, mein Leben wird also nicht so richtig behindert durch das, was da gerade in der Welt der Haute Couture abgeht, aber ich finde das wirklich mehr als schräg. Und dass Models ohne Busen und Hüfte und mit hervorstehenden Knochen immer noch Models genannt werden, anstatt mal nachzudenken, ob bei denen möglicherweise was los ist mit Bulimie oder Anorexie oder was weiß ich, verstehe ich auch nicht so ganz.

Aber gut, immerhin hat sich Alexandra Shulman ja beschwert über diesen Zustand, das ist ja schon mal was.

Und jetzt kommt der Hammer. Alexandra Shulman hat der *Times* erzählt, dass bei der *Vogue* die Fotos, die mit diesen armen Hungerhaken in ihren Puppenkleidchen gemacht wurden, am Computer bearbeitet werden, bevor sie gedruckt werden. Wahnsinn, oder?

Da werden also extrem dünne junge Frauen fotografiert und anschließend mit einem Bildbearbeitungsprogramm dicker gemacht. Damit sie gesünder aussehen, sagt Frau Shulman.

Also ich finde die *Vogue*-Chefin super. Die hat im Kopf die Kurve gekriegt. Ich hoffe wirklich, dass ihr Verhalten ein Umdenken einleitet, bevor Models mit der Konfektionsgröße einer Giacometti-Figur über die Laufstege taumeln.

Jetzt wissen Sie alles. Ich gebe zu, dass es nicht in Ordnung war von mir, so über diese Computerzeitschrift herzuziehen. Die *Vogue* macht es genauso. Gut – die einen machen die Frauen dünner, die anderen machen die Frauen dicker, aber irgendwie türken sie beide, das muss man schon sagen. Und dass ich das bei der *Vogue* gut finde und bei der *MACUP* doof, weist mich nicht gerade als Leuchtfeuer der Konsequenz aus. Tut mir leid. Ich bin eben nicht vollkommen.

Vielleicht gibt's ja irgendwann ein Programm zur Korrektur

dieser Schwachstelle in meiner Persönlichkeit. Falls Sie etwas hören sollten in dieser Richtung, lassen Sie es mich bitte wissen. Ich kaufe es sofort.

9
Dick, dicker, schön – von der Halbwertzeit der guten Form

Sie ist eine richtige Schönheit. Einfach perfekt.

Ihr schwerer, sich vorwölbender Bauch korrespondiert vorzüglich mit den dicken Wangen an ihrem runden Kopf, der einen nur unmerklich größeren Umfang hat als der kurze, dicke Hals. Ihre breite und runde Kinnpartie, die ohne jegliche Kontur fließend in die dralle Halslinie übergeht, ist von seltener Anmut.

Unter ihrem kostbaren Gewand sind fleischige Oberarme zu erahnen. Ihre ausladenden Hüften und das üppige Gesäß sind nicht zu übersehen.

Was für eine Frau!

Die Schönheit ist über tausend Jahre alt, etwa fünfunddreißig Zentimeter groß und das exakte Abbild einer Frau, die zur Zeit der Tang-Dynastie in China gelebt hat. Sie wird nicht billig gewesen sein. Schon damals nicht, aber darauf kam es nicht an.

Geld hatten Angehörige des kaiserlichen Hofes und wohlhabende Bürger mehr als genug. Die teuren, äußerst naturgetreu gefertigten Terrakotta-Nachbildungen ihrer Frauen, Kinder, Konkubinen und sogar der Haustiere waren Auftragsarbeiten, die stellvertretend für die noch lebenden Familienangehörigen gemeinsam mit den Verstorbenen beerdigt wurden. Die Reise in das Reich der Toten sollte nicht einsam und allein angetreten werden.

Ein schöner Brauch, finde ich. Ein bisschen bleiben wir auch über den Tod hinaus zusammen. Das rührt mich.

Überhaupt scheint die Zeit dieser Dynastie, die Jahre zwischen sechshundertachtzehn und neunhundertsieben, eine hochinteressante Zeit gewesen zu sein.

Seit die Seidenstraße China mit Teilen der restlichen Welt verband, änderten sich Mode und Gebräuche unübersehbar.

Erstaunlich, dass nicht nur Männer von den Neuerungen profitierten. Aus der Türkei importierte komfortable Kleidung wurde auch von Frauen getragen, das aus dem Iran stammende Polo durften nicht nur Männer spielen.

Überhaupt gewannen die Frauen in dieser Zeit zunehmend an Einfluss. Wu Zhao zum Beispiel, eine ehemalige Konkubine, brachte es sogar bis zur Kaiserin. Zur einzigen übrigens, die es jemals gab in China.

Ein paar tausend der Grabfiguren haben überlebt.

»Fat Ladys« heißen sie bei Asiatica-Liebhabern, die für eine dieser kleinen Figuren bis zu zehntausend Euro bezahlen.

Es ist ein besonderes Erlebnis, sich eine Fat Lady in Ruhe anzuschauen.

Man glaubt zu spüren, dass etwas von der Persönlichkeit der Frau, die in der Terrakottafigur mit größter Präzision abgebildet wurde, erhalten ist. Man erkennt, dass diese Frauen selbstbewusst und frei waren.

Und noch etwas wird klar: Diese Frauen waren dick.

Sehr dick sogar.

Normalerweise ist das der Moment, in dem man im Museum meint, genug gesehen zu haben und sich dem nächsten Ausstellungsstück zuwendet.

Hier ist es anders. Die Fat Lady hält ihre Betrachter so lange fest, bis sie ihr Geheimnis verstanden haben.

Der Augenblick der Erkenntnis hat etwas Mystisches. Man fühlt sich angezogen von der Figur, ein Sog entsteht, gegen den man sich nicht wehren kann.

Und dann sieht man es. Die Frau ist schön. Schön auf eine Art, die man noch nie erlebt hat.

Genau genommen sieht man es erst, wenn die Figur es gesagt hat: Schau mich an, ich bin schön. Ich weiß, dass ich schön bin. Und wenn du es nicht sehen kannst, bist du blind für alle Schönheit.

Ich habe das wirklich so erlebt. Es war faszinierend, in diesen Zustand des Verstehens zu geraten. Ein Stück Wahrheit wahrscheinlich, einer dieser seltenen Momente, in denen man plötzlich ganz weit weg ist von der lächerlichen Gewissheit, die Welt zu kennen.

Eine erstaunliche Erfahrung.

Normalerweise ist »schön« eine Kategorie, die jeder für sich definiert hat. Eine Folie im Kopf, die mit der Außenwelt in Deckungsgleichheit gebracht wird. Ein ästhetisches System, das vor Fehlurteilen schützt und sicher durch das Leben begleitet.

Updates sind jederzeit möglich. Print- und TV-Magazine, Kinofilme und Werbung in jeder Form stehen als unerschöpfliches Archiv vierundzwanzig Stunden am Tag zum bestätigenden Abgleich zur Verfügung.

Alles klar also.

»Schön« kann blond bedeuten. Oder schwarz oder braun oder rot. Langbeinig mit kleinem Busen. Oder große Brüste mit schmaler Taille kombiniert. Ein Kerl mit Waschbrettbauch und Supermuckis. Oder schlank und groß. Oder nicht ganz so groß, aber Dreitagebart und kräftige Oberarme.

Bitte bedienen Sie sich. Der gesellschaftlich sanktionierte

Baukasten ist gut gefüllt. Es ist für jeden etwas dabei, und jeder darf seine Auswahl »schön« nennen, ohne schief angesehen zu werden. Freie Typwahl also, und niemand sagt, »wie kann man nur«.

Jedenfalls, solange man sich aus dem Baukasten bedient. Aber wehe, man greift daneben. Dick ist zum Beispiel ganz schlecht. Ganz dünn auch. Sehr groß und ziemlich klein sind Grenzfälle.

Und wenn sich ein Mann in eine Frau vom Typ chinesische Fat Lady verliebt?

Vollmeise. Pervers. Kriegt wohl sonst nichts ab.

In-dis-ku-tabel!

Ich habe mich nicht verliebt in diese Terrakottafigur. Ich habe auch nicht versucht, auf Teufel komm raus eine Frau zu finden, die aussieht wie frisch aus der Tang-Dynastie importiert. Ich war nur überwältigt von der Erkenntnis, dass es Schönheit auch ganz weit weg von unseren Vorstellungen von Schönheit gibt.

Eine Schönheit ohne Definition, aus sich selbst heraus wirkend, unbelastet und unglaublich selbstbewusst.

So etwas hat es sicher nicht nur vor tausend Jahren gegeben. So etwas gibt es ganz bestimmt auch heute.

Ich fürchte nur, dass Menschen, die das erkennen können, nicht eben häufig sind. Schade.

Der große Rest gibt sich mit dem Mainstream zufrieden und denkt nicht weiter darüber nach, dass jeder Mainstream eine Halbwertzeit hat, die weiß Gott nicht der Halbwertzeit von Cäsium entspricht.

Mainstream ist eine Mode, mehr nicht. Man liefert sich Zeiterscheinungen aus und kann froh sein, wenn die nicht wesentlich kürzer sind als die eigene aktive Lebensphase. Schließlich mag man Veränderungen nicht so gern. Was man hat, das hat man.

Das gilt auch für den eigenen Geschmack. Jede Veränderung würde nur nerven, weil man plötzlich nicht mehr zufrieden seufzend betonen könnte, wie gut man es doch hat.

Was ist das? Angst? Trägheit? Unfähigkeit?

Oder das Ende der persönlichen Entwicklungsphase mit spätestens fünfundzwanzig und von da an nur noch weitermachen wie bisher?

Was es auch ist. Es muss einen Grund dafür geben, dass so viele Menschen zwanzigmal hintereinander ihren kostbaren Jahresurlaub im selben Hotel auf Gran Canaria, am Wolfgangsee oder in Bad Harzburg verbringen.

»Wir finden es da nun mal schön!«, lautet die trotzig vorgetragene Erklärung. Man weiß also, was schön ist.

Irgendwann hat man sich entschieden zu wissen, was schön ist. Und das hat dann bitte für den Rest des Lebens zu reichen.

Geht die Beziehung zur blonden Ehefrau mit üppiger Oberweite in die Brüche, ist es nur eine Frage der Zeit, bis man sich stolz mit der neuen Partnerin – einer Blonden mit üppiger Oberweite – zeigt.

(Auch Frauen haben das drauf – einmal schlank und schwarze Locken, immer schlank und schwarze Locken. Optisch wirken die Kerle wie geklont, aber der jeweils neue nervt angeblich längst nicht so wie der jeweils alte.)

In der Wirtschaft sind derartige Verhaltensmuster hoch willkommen. Ich glaube, man nennt das »Produkt-Treue«. Einmal Persil, immer Persil, weil man dann nämlich ganz genau weiß, was man hat.

Ja, so ist es gut. Und damit es auch so bleibt, warnt die Bundesgesundheitsministerin: Neugier kann Schmerzen verursachen. Lassen Sie Ihre Finger von allem, was Sie nicht kennen. Vermeiden Sie neue Erfahrungen, denn nur, was Sie *nicht* wissen, verhindert zuverlässig ungesunde Hitzewallungen.

Also bleiben Sie bitte zu Hause, und nähren Sie sich redlich!

Gähn. Das kann es nicht sein. Und trotzdem lebt die Mehrzahl der Menschen in den Tag hinein, als wäre schon immer alles so gewesen und als würde immer alles so bleiben. Nicht die Spur von Interesse, mal darüber nachzudenken, ob die eigenen Vorstellungen wirklich so eigen sind. Oder ob sie nicht vielmehr einem Ideal angepasst sind, das man ganz bestimmt nicht frei und unbeeinflusst kreiert hat.

Um Ihnen zu erklären, was ich meine, benutze ich zwei Themen, mit denen die meisten von uns hinlänglich vertraut sein dürften: Frauen und Autos.

Wie bitte? Ja, »Rainer« ist ein männlicher Vorname. Warum?

Egal. Bitte lenken Sie mich jetzt nicht ab, mir ist das wichtig. Also – Frauen.

Was, meinen Sie, ist die Voraussetzung dafür, dass die Figur einer Frau als attraktiv empfunden wird?

Richtig. Die Frau muss schlank sein.

Nur eine schlanke Figur ist also eine attraktive Figur.

Das liest man ja überall. Und das kriegt man überall zu spüren, wenn man keine schlanke Figur hat.

Banal, sagen Sie? So ist es eben? Nun ja, zur Zeit ist das so, schon richtig.

Aber so ist es noch gar nicht so lange.

Die Gleichung »schlank ist attraktiv« gibt es erst seit gut hundert Jahren. Bis zum Beginn des zwanzigsten Jahrhunderts galten ganz andere Körper als attraktiv. Frauen mit typischen weiblichen Rundungen, man könnte auch sagen, Frauen, die heute als dick gelten würden, lagen damals deutlich vorn. Ihr Körperfett war keine unappetitliche Peinlichkeit, die so schnell wie möglich abgesaugt werden musste, sondern begehrtes

Statussymbol. Signalisierte es doch klar und deutlich, dass man es mit jemandem zu tun hatte, der erfolgreich war, wohlhabend und daher jederzeit in der Lage, sich satt zu essen. Elite eben.

Die Dünnen waren neidisch auf die Dicken, weil ihr Dünnsein nicht das Ergebnis eines Diät- und Fitnessprogramms war, sondern schlicht die Folge des Umstands, dass sie nicht genug zu essen bekamen.

Underdog eben.

Noch einmal zum Mitschreiben: Noch vor hundert Jahren war ein Body, der angesagt war, dick und rund.

Dünn zu sein war absolut unattraktiv, weil man permanent Kohldampf schob und als Habenichts galt.

Interessant, nicht wahr?

Tja. So ändern sich die Zeiten.

In den Regionen der Welt, in denen es mittlerweile genug Nahrungsmittel für alle gibt, haben dicke Körper natürlich ihre Exklusivität verloren.

Das ist ja in Ordnung, aber warum kippt der Neid der Dünnen fast übergangslos in Verachtung? Eine milde Gleichgültigkeit hätte es doch auch getan, finde ich.

Aber nein, so wie es in gewissen Kreisen unmöglich ist, in einem Jil-Sander-Kostüm aus der letztjährigen Kollektion auf die Straße zu gehen, ist Dünnen der Anblick einer leicht überholten Phase der eigenen Stammesentwicklung unerträglich. Das ist nicht nur snobistisch, das ist arrogant.

Aber was rege ich mich auf. Sie wissen es nicht, sie wollen es nicht wissen, sie wollen nur dünn sein.

(In ärmeren Ländern ist es übrigens bei der Attraktivität dicker Körper geblieben, das ist also nicht nur Schnee von gestern, was ich hier erzähle. Fahren sie mal hin, vor allem, wenn Sie dünn sind. Reisen bildet.)

Vielleicht ist die Haltung der Dünnen ja auch so eine Art verzögerte Neidreaktion auf evolutionärer Ebene.

Was ich früher nicht haben durfte, will ich jetzt ganz bestimmt nicht mehr. Etwas in der Art.

Was weiß ich denn, was alles im kollektiven Unbewussten vor sich hin gärt. Oder wo auch immer die alten Sachen, die keine Sau mehr braucht, vor sich hin gären.

Pferde zum Beispiel. Die düsen immer noch wie bekloppt ab, wenn es in irgendeinem Busch ein bisschen raschelt. Jetzt kommt gleich der schreckliche Säbelzahntiger und frisst mich auf, denken sie, und geben so fürchterlich Gas, dass die Reiter plötzlich hilflos auf ihrem Sattel herumhüpfen wie ein Maiskorn in der Popcornmaschine.

Hunderttausende von Jahren hatten diese blöden Viecher Zeit zu lernen, dass es ziemlich unwahrscheinlich ist, dass jedes kleine Rascheln von schrecklichen Säbelzahntigern verursacht wird.

Aber nein, das Säbelzahntigerprogramm läuft auch zweitausendneun noch absolut störungsfrei in jedem Pferdeschädel.

Es ist zum Heulen. Und ich fürchte, mit den Dünnen ist es ähnlich. Ich meine, sie hatten doch auch Zeit. Vielleicht nicht gerade Hunderttausende von Jahren, aber die eine oder andere Generation schon. Sie hätten bequem so etwas wie Gelassenheit entwickeln können. Fehlanzeige. Sehen sie etwas Dickes, springt ihre Variante des Säbelzahntigerprogramms an, und sie reagieren genau so undifferenziert wie die abpfeifenden Gäule.

Es gibt nur an oder aus. Dass sie es gar nicht nötig hätten, so zu reagieren, kommt ihnen nicht in den Sinn. Wo bitte ist die Bedrohung? Hier haben alle genug zu essen, das wissen wir doch inzwischen.

Sie merken einfach nicht, was sie da bis aufs Messer verteidigen. Sie merken nicht, dass ihr Schönheitsideal, das sie wie eine fette (!) Monstranz vor sich hertragen, gar keinen Alleinvertretungsanspruch hat.

»Schlank« steht nicht für absolute Schönheit.

»Schlank« ist nur eine von vielen möglichen Auslegungen eines ästhetischen Wertes. Nicht mehr und nicht weniger.

Die Anhänger des fundamentalistischen Schlankheitskults, die diesen Wert seit ein paar Jahrzehnten mit ihrem unerbittlichen Absolutheitsanspruch im Würgegriff halten und wie persönliches Eigentum benutzen, täten gut dran, mal ein wenig über den Rand ihres dünnen Tellerchens hinauszublicken.

Sie würden begreifen, dass ihr Credo nichts ist als eine beliebige Variante ästhetischer Modelle, die schon immer geeignet waren, Menschen, die dem jeweils gültigen Modell nicht entsprachen, das Leben schwer zu machen.

(Und – das sollten wir nicht vergessen bei diesem leidigen Thema – in unerträgliche Konflikte, psychische Erkrankungen und Selbstmord zu treiben.)

Gönnen wir uns einen kurzen Blick zurück.

Im Verlauf des zwanzigsten Jahrhunderts mussten sich die Frauen ganz schön anstrengen, wenn sie durchgängig als schön gelten wollten. Es waren ziemlich unterschiedliche Körperformen angesagt. In den zwanziger Jahren waren knabenhaft androgyne Figuren der große Hit. Aber wer hatte die schon, so kurz nach der langen Phase üppiger Schönheit. Also wurde mit locker fallender Kleidung verzweifelt versucht, jede Andeutung einer Rundung zu verstecken.

Kaum dreißig Jahre später wurde nicht mehr versteckt, sondern geschnürt: Wespentaille war mal wieder das Thema. Die betont schmale Hüfte hielt sich als Ideal eine Weile und wurde durch das Postulieren großer Brüste als unverzichtbares Merkmal weiblicher Attraktivität ergänzt.

Na wunderbar. In der Mitte spindeldürr und obenrum reichlich. Wer bitte wächst so von allein?

Diese fabelhafte Konstruktion hat sich bis heute erhalten. Untenrum bitte schlank, Taille nicht mehr ganz so wespig, aber Brüste bitte, die diesen Namen auch verdienen. Nun mach mal, du willst doch schön sein!

Der Anspruch hat Folgen. Junge Mädchen glauben, ohne chirurgische Brustvergrößerung und Fettabsaugung keinen Platz zu haben in dieser schönen Welt, die »Korrekturen« der Lift-Straff-Wegsaug-und-Ausstopf-Branche werden schon längst in jeder Fernsehzeitschrift thematisiert.

Die plastischen Chirurgen – pardon: »Schönheitschirurgen« tummeln sich noch nicht so lange auf dem Markt angesagter Schönheit. Apodiktische Vorgaben für die Idealfigur hingegen gibt es seit Jahrhunderten.

Mit interessanten Wiederholungen übrigens, schauen Sie sich mal Gemälde in einem Museum an. Sie werden staunen.

Mittelalter: füllige Hüfte. Renaissance: Sanduhrfigur als Vorläuferin der Wespentaille. Barock: insgesamt wieder üppigere Körper. Einzige Konstante: Brüste galten nur als schön, wenn sie klein waren, Äpfel waren die ideale Größenvorgabe.

Ansonsten war An- und Abschwellen angesagt im Laufe der Epochen. Und immer stand unter dem Ergebnis: schön!

Die Unterschiede der ästhetischen Ansprüche sind geradezu elementar in ihrer Widersprüchlichkeit.

Vor ein paar hundert Jahren hatte eine schöne Frau oberhalb der Hüfte mädchenhaft-zart zu sein, unterhalb war Substanz gefordert: üppige – also fettreiche – Hüften, Gesäße und Schenkel.

Heute ist die gegensätzliche Verteilung angesagt: unterhalb der Taille schlank, oberhalb eine Körbchengröße, die in Rubens Atelier Hausverbot gehabt hätte. (In Brasilien übrigens heute noch: Große Busen werden dort nicht als schön empfunden, sondern als ordinär.)

Perfide an den gewünschten Verteilungen ist auch, dass sie so unrealistisch sind. Hat eine Frau viel Körperfett, ist sie überall üppig, an den Schenkeln ebenso wie an Bauch, Hüften und Brüsten. Hat eine Frau wenig Körperfett, ist sie nicht nur an Schenkeln, Hüften, Bauch und Gesäß schlank, sondern hat natürlich auch kleine Brüste.

(Die geforderten Ideale sind also ebenso absurd wie die willkürlich geforderten Parameter bei der Dackelzucht.)

Was also ist bitte schön?

Und was bitte wird morgen schön sein?

Gute Frage. Überlegen Sie doch mal, Sie kennen das ja schon aus psychologischen Tests:

Ergänzen Sie bitte die folgende Reihe:
Venus vor dem Spiegel (Rubens) – Josephine Baker – Sophia Loren – Twiggy – Gisele Bündchen – ....

Ich habe Beth Ditto eingetragen, die mehr als üppige Sängerin der Band Gossip. Und bevor Sie jetzt in schallendes Gelächter ausbrechen – Beth Ditto war neulich auf dem Cover des englischen Modemagazins *Love* zu sehen. Nackt und übergewichtig räkelte sie sich vor den entsetzt aufgerissenen Augen der Modewelt, die dann, als sie wieder Luft bekam, prompt beteuerte, der Anblick sei »irgendwie ästhetisch«.

Richtig. Irgendwie. Auf irgendeine der vielen möglichen Arten schön. Was für ein Schlag in die Magengrube der Schlankheitsfanatiker.

Und dann noch diese Studie. Sie haben das vielleicht auch gelesen. Der Psychologe Leif Nelson hat an der Stanford University untersucht, wie sich Ressourcenknappheit auf das von Männern bevorzugte Frauenbild auswirkt. Also ob sich da was ändert, wenn Krise angesagt ist und die ganze schöne Kohle plötzlich weg ist.

(Leider weiß ich nicht, ob sich jemand damit beschäftigt hat, wie sich Ressourcenknappheit auf das von Frauen bevorzugte Männerbild auswirkt. Na gut, man kann eben nicht alles haben.)

Leif Nelson jedenfalls hat herausgefunden, dass bei Männern, die Bammel um ihre Knete haben, plötzlich dickere Frauen ganz vorne liegen.

Schmales Konto, breite Frau, sozusagen.

Hey – Marktlücke: Da könnte ich doch ein Buch drüber schreiben: »Die DAX-Diät«. Oder auch: »Spaß mit Hartz vier. Das große Beth-Ditto-Buch!«

Aber ich will mich jetzt nicht festlegen, ich muss das erst mal mit meinem Verleger besprechen.

Über diese Studie habe ich mich gefreut. Obwohl ja dabei rausgekommen ist, dass Männer ziemliche Simpel sind.

Oder finden Sie das etwa feingeistig und sensibel, wie wir gestrickt sind? Dieses tumbe Bewegungsmuster immer hin und her zwischen den Eckpunkten viel Geld / viel Fleisch nötigt mir ungefähr so viel Respekt ab wie die Lebensplanung eines Wattwurms. Ganz schön schlicht gestrickt, Jungs, schämt euch!

Aber eins fand ich eben toll: Schlank ist nur unter bestimmten Bedingungen gut. Sind die Bedingungen auf einmal anders, ist schlank auch nicht mehr gut.

Das gefällt mir. Weil der Absolutheitsanspruch der Everybody-Schlank-Forever-Fraktion ins Wanken gerät.

Es kommt endlich Bewegung ins Thema.

Noch ein Beispiel: Daisy Lowe, eine Frau mit deutlichen Rundungen, hat Victoria Beckham, Ikone der Size-Zero-Generation, als Nummer eins der Supermodels abgelöst. Hurra. Unser Schiff nimmt langsam Fahrt auf.

Wobei ich ganz bestimmt nicht will, dass ab jetzt nur noch üppige Models der Welt erklären, was schön ist. Wenn ich etwas zu sagen hätte in der Welt der Mode, würden Beth Ditto, Daisy Lowe und Victoria Beckham gemeinsam über den Catwalk toben. Schluss mit der Monokultur. Dass so was nicht gut ist, haben Bauern schon vor hundert Jahren begriffen.

Ich liebe Vielfalt. Ich bin nun mal ein Typ, der drunter leiden würde, wenn es ausschließlich spillerige Zwergfinken gäbe und nicht mehr wunderbare, dicke Raben und kräftige, bunte Papageien.

Wie bitte? Von mir aus. Dann nennen Sie mich eben Sozialromantiker.

Ich finde, es gibt Schlimmeres.

Autos zum Beispiel, die bei ihrer Markteinführung als das schönste Stück Automobilgeschichte bejubelt werden, das bislang das Licht der Welt erblicken durfte. (Richtig: Thema zwei hat soeben begonnen.)

Eine ergriffene Gemeinschaft aus Motorjournalisten und sonstigen Experten lässt ihre Hände mit einer Zärtlichkeit über die Karosserielinien gleiten, die ihre Frauen noch nie erlebt haben. Materialnamen werden ehrfurchtsvoll geflüstert wie Kennworte Luxemburger Schwarzgeldkonten. Chrom … Carbon … Klavierlack …

Die Situation hat etwas von sakraler Weihe. Eine Erscheinung wird gefeiert, die in ihrer Bedeutung der christlichen Auferstehung kaum nachzustehen scheint.

Endlich! Die neue S-Klasse als Heilsbringer, der neue Siebener als Verkünder des Seelenfriedens, der neue Porsche als Manna der Erlösung.

Was für eine lächerliche Show.

Dabei müssten sie es wissen. Alle, wie sie da stehen.

Der Augenblick der Präsentation ist der Beginn des Zerfalls.

Schön? Von mir aus. Glaubt es.

Aber wie lange?

Spätestens nach einem Jahr wird die Forderung nach einem »Facelift«, die bis dahin im Hinterkopf geschlummert hat, wieder unruhig. Bald darauf wird die Kritik am Bereich der C-Säule an Bedeutung gewinnen, der Übergang der Dachlinie in den Heckbereich schon Monate später Unbehagen auslösen.

Noch zwei, drei Jahre und aus der erleuchteten Form ist ein hässlicher, unansehnlicher Hobel geworden.

Weg damit, der Anblick beleidigt mein Auge. Und habe ich nicht schon damals gesagt, dass das Heck des neuen Porsche Panamera genau so hässlich ist wie der Arsch des gefloppten Chrysler Crossfire Coupés?

Erlösung, bitte Erlösung. Es ist Zeit, die nächsten göttlichen Kreationen auf die Bühnen der Automobilmessen rollen zu lassen.

Zyklen, na klar. Jedes Ding hat seine Zeit, auch klar.

Nichts bleibt, wie es ist. Das hat mir schon meine Großmutter ins Poesiealbum geschrieben.

Also bitte – was sollen diese Plattitüden?

Ganz einfach. Ich kann mich immer wieder darüber aufregen, wie wenig wir lernen aus den Dingen, die wir wissen. Autos sind wirklich ein super Beispiel.

Im Fotoalbum zeigen wir auf den alten Ford 17M von Onkel Schorse und lachen uns kringelig, weil er damals immer auf die Heckflossen klopfte und begeistert ausrief: »Das soll denen erst mal einer nachmachen. Die sind tausendmal schöner als die von Mercedes!«

Heckflossen! Erinnern Sie sich? Die kamen in den späten Fünfzigern des letzten Jahrhunderts aus Amerika rübergeschwappt und waren unheimlich angesagt. Modern, fortschrittlich – schön. Ein Auto ohne Heckflossen zu fahren, war, wie heute in einer alten Wollbadehose im Schwimmbad aufzukreuzen – keine Chance, vorne mit dabei zu sein.

Chrom war wichtig. Immer mehr. Stoßstangen, Radkappen, Lampenringe, Türgriffe.

Zierleisten über die gesamte Wagenlänge. Edel und teuer sah das aus.

Schön eben.

Und dann war der Chrom wieder weg. Nichts glänzte mehr außer dem Lack. Chrom war auf einmal protzig und prollig. Die Eleganz kam aus den geschwungenen Linien der Karosserie. Zurückhaltung war angesagt.

Dick Aufgetragenes war gestern. Understatement hieß die neue Losung.

Stoßstangen, die plötzlich den Namen Stoßfänger trugen, wie die Außenspiegel in Wagenfarbe lackiert. Das sah geschlossen aus, kompakt, besonders.

Schön eben.

Und jetzt ist er wieder da, der Chrom. Zunächst nur als kleiner Akzent am Firmenemblem blitzend, wurde er bald an Tür- und Kofferraumgriffen eingesetzt. Schon eine ganze Weile werden als Ausstattungsoption »Chrompakete« angeboten und bestellt. Zum wuchtigen Kühlergrill erstarkt, prägt Chrom nun das »Markengesicht«. Selbstbewusst sieht das aus, auftrumpfend und »Überholprestige« einfordernd.

Schön?

Ein Kommen und Gehen. Das Schöne von heute ist das Hässliche von morgen. Und das Schöne von Übermorgen.

Eine einfache, einprägsame Formel. Viele werden nicken, ja, genau so ist das.

Mir reicht das nicht.

Da und weg und wieder da und wieder weg – jaja, stimmt schon, aber das funktioniert doch nicht wie Licht an, Licht aus.

Es muss doch noch etwas dazwischen geben. Ich meine, wenn eine Mode für tot erklärt und die neue mit viel Tamtam begrüßt wird – dann ist die alte Mode doch nicht von einer Sekunde auf die andere von diesem Planeten geschossen. Es muss so etwas wie eine Übergangsphase geben, in der das Neue noch nicht ganz da und das Alte noch nicht ganz weg ist. Nicht Umsturz, sondern Koexistenz. Sanfte Kurven, kein gnadenloses Zickzack.

Das Leben wie ein gemächlich gleitendes Fließband auf einem Rundkurs. Auf dem Fließband unsere Geschichte, in allen Einzelheiten. Das Jagen, das Sammeln, das Gestalten, das Besitzen, das Begehren, das Stehlen, das Töten, das Reisen, das Verdrängen, das Hassen, das Lieben, das Vergeben, das Bewegen, der Wettkampf, das Hoffen, die Resignation und so weiter und so weiter.

Und bei jeder Runde haben sich die Dinge etwas verändert. Und wir beeilen uns, diese Veränderung »modern« zu nennen und »zeitgemäß«.

Mit unserer ganzen Aufmerksamkeit widmen wir uns dann moderner Mode und zeitgemäßem Elektrogerätedesign, moderner Kriegsführung und zeitgemäßer Ernährung.

Aufgeregt tun wir so, als sei der Gipfel erreicht. Starrsinnig verweigern wir uns der Einsicht, dass auch das allermodernste Schuhdesign zwei Komponenten bedient, die schon vor fünfhundert Jahren geforderte Merkmale von Schuhen waren: Die Dinger sollen gut aussehen und verhindern, dass es wehtut, wenn ich auf einen spitzen Stein trete. Nicht mehr, aber auch nicht weniger.

Und wenn die Abteilung »attraktive Menschen« auf dem

Fließband vorbeikommt, wird ignoriert, dass ihre Sammlung von Körperformen bereits vollständig ist.

Ein Kopf, zwei Arme, zwei Beine, klein, groß, dick, dünn, aus. Das ist die Basis. Die Exponate der Untergruppen auch nicht gerade abendfüllend – groß und dick, klein und dünn, klein und dick und groß und dünn in diversen Abstufungen, dazu ein paar Hals-, Hüft-, Bauch- und Beinvarianten, tja, das war's auch schon, tut mir leid.

Die, die das Modell »schlank« als Optimum, als grundlegende Bedingung für ein menschenwürdiges, gesundes, attraktives Leben hochhalten, haben sich also lediglich eine der schon lange vorhandenen Ausführungen vom Fließband geangelt, die sie in der nächsten Runde vielleicht schon wieder zurückstellen werden. Weil etwas anderes als zeitgemäß und modern und überhaupt als Maß aller Dinge die Gazetten und die Köpfe füllen wird.

Vielleicht. Vielleicht aber auch nicht, man kennt die Beharrlichkeit, mit der manche ihr Weltbild verteidigen. Ich habe ja nichts dagegen, ich finde die Shaker-Kultur in Amerika zum Beispiel hochinteressant. (Nicht wegen der Religion, ich mag die Architektur und die tollen Holzmöbel.)

Aber ich möchte bitte nicht permanent angemacht werden, dass ich mich anders entschieden habe.

Weder von Shakern noch von Dünnen.

Was ich als schön empfinde, ist meine Sache. Glauben Sie mir bitte, ich mache mir den Weg bis zur jeweiligen Entscheidung nicht einfach. So viel habe ich inzwischen kapiert: Schönheit ist relativ. Jedenfalls meistens.

Tut mir leid. Exakter kriege ich das irgendwie nicht hin.

Aber keine Sorge, ich werde Sie nicht vollquatschen und von Ihnen hören wollen, dass Sie den Glastisch von Isamu Noguchi auch schön finden oder den Green Street Chair von

Gaetano Pesce oder die Kathedrale von Le Corbusier in Ronchamps oder den Kugelschreiber, den mir meine Frau neulich geschenkt hat, oder die Skulpturen von Tony Cragg oder das Fahrrad meiner Tochter, seit sie es mit einer Sprühdose rosa lackiert hat, oder …

Ich hör ja schon auf.

Einen schönen Tag noch.

10
No Tit-Tax, please!

Ich finde, Beckie Williams ist eine bemerkenswerte Frau.

Sie hat sich vor ungefähr anderthalb Jahren so richtig ge-ärgert.

Das allein macht sie natürlich noch nicht bemerkenswert.

Bei uns allen vergeht schließlich kaum ein Tag, ohne dass wir uns über irgendetwas ärgern.

Ich zum Beispiel sitze gerade am Computer, um dieses Kapitel zu schreiben, es ist später Vormittag, und ich habe mich heute schon dreimal so richtig geärgert.

Das erste Mal, als ich mit dem großen Hund, der gerade für eine Woche bei uns wohnt, weil seine Besitzer dringend Urlaub brauchten, nach einer ausführlichen Runde durch den Wald zu meinem Auto zurückkam. Ein anderer Hundeausführer – das habe ich an der riesigen Transportbox im Kofferraum erkannt – hatte sein Auto so dicht hinter meinem geparkt, dass ich die Heckklappe nicht mehr aufmachen konnte. Das bedeutete, unser Gasthund musste durch eine der hinteren Türen einsteigen. Das hat er auch brav gemacht, aber weil er im Laderaum leider sofort den Ball entdeckte, den wir immer zum Schwimmen mitnehmen, zwängte er sich mit raumgreifenden Wälz- und Kriechbewegungen zwischen Kopfstützen und

Dachhimmel durch, um auf seinem blöden Ball rumkauen zu können.

Ich muss also heute noch zur Tankstelle und Rücksitze und Dachhimmel absaugen. Das geht aber erst in ein paar Stunden, wenn die ganzen Schlammspuren getrocknet sind. (Es hat die letzten Tage ziemlich viel geregnet, und der Hund fand es einfach klasse, durch die vielen Schlammlöcher zu toben. Sonst ist er aber schwer in Ordnung, sehr freundlich und interessiert, und er bellt auch höchstens vier-, fünfmal pro Nacht, wir haben also genug Zeit, immer wieder einzuschlafen.)

Das zweite Mal habe ich mich geärgert, weil der Paketbote geklingelt hat. Das ist natürlich absolut in Ordnung, dass er klingelt, jedes gelieferte Paket erspart mir schließlich die leidige Fahrt zum Postamt, lästiges Parkplatzsuchen und genervtes in der Schlange stehen.

Vorhin hatte ich mir aber gerade einen wunderbaren Kaffee gemacht, und es klingelte leider genau in dem Moment, als die gut gefüllte Tasse bereits kurz vor meinem Mund schwebte. Dieser großartige Augenblick also, Sie kennen das, wenn man, die Lippen leicht geöffnet, deutlich spürt, dass die feinen Tröpfchen der köstlichen Aromawolke die Nasenschleimhäute bereits großflächig benetzt haben und in der Mundhöhle die begehrliche Speichelbildung angesprungen ist. Der ganze Kopf ist nur noch Kaffee–Kaffee–Kaffee!!!, und innezuhalten wäre ein Interruptus der übelsten Sorte, Folter, ein Zertreten des Genusses mit eisenbesetzten Stiefeln.

Ich bin weit davon entfernt zu behaupten, eine Größe im Bereich Multitasking zu sein. Zwei Sachen gleichzeitig zu machen kriege ich aber manchmal ganz gut hin, Radfahren und Klingeln zum Beispiel bereiten mir überhaupt kein Problem, Kaffeetrinken und Losgehen normalerweise auch nicht.

Ich setzte mich also, einen großen, phantastisch schmeckenden Schluck aus der Tasse saugend, in Bewegung, um den Summer der Gartentür zu betätigen.

Was hundert-, vielleicht sogar tausendfach gelang, ging heute schief. Ich rummste im Losgehen gegen den Türrahmen, die Fliehkraft riss die Tasse von meinen Lippen, und eine nicht eben geringe Menge des großartigen Rosabaya-Grand-Cru-Kaffees schwappte heiß auf mein Hemd.

Das tat weh und fügte der To-do-Liste des Tages einen weiteren Punkt hinzu: Hemd wechseln.

Ich weiß nicht, woher der junge Paketbote die Chuzpe nahm, auf den Fleck zu deuten und breit grinsend zu fragen: »Na, haben wir gekleckert?«, als ich ihm, meine Tasse in der Hand, die Tür öffnete.

Die Replik: »Nee, ich mache gerade einen Batikkurs«, hat er, glaube ich, nicht so richtig verstanden. Er nickte nur, hielt dieses komische, piepsende Gerät zum Unterschreiben hin, gab mir mein Päckchen und war wieder weg.

Er war einer von diesen nassforschen Typen, bei denen ich mich immer frage, woher die ihr Selbstbewusstsein nehmen. Unglaublich. Aber vielleicht ist es ja auch nur Neid, ich hätte mich an seiner Stelle wahrscheinlich nicht getraut.

In dem Päckchen waren übrigens die bestellten Kaffeekapseln für unsere Espressomaschine. Manchmal denke ich, irgendwie hat eben doch alles mit allem zu tun.

Das dritte Mal habe ich mich heute morgen geärgert, weil meine Tochter zu mir kam und fragte, ob ich wisse, ob es noch Aufbackbrezeln gebe. Das heißt übersetzt, ich sollte für sie Brezeln aus dem Tiefkühler holen und aufbacken, während sie mit irgendwelchen Freundinnen telefoniert.

Okay, ich liebe meine Kinder, ich habe die Brezeln gemacht. Als meine Tochter dann aber mit einer perfekten Brezel in der Hand behauptete, es sei kein Nutella mehr da, und das sei so, weil ich immer das ganze Nutella aufessen würde, ist mir der Kragen geplatzt. Ich esse nämlich gar kein Nutella. Ich esse viel lieber Marmelade, das ist also völliger Quatsch, zu behaupten, ich würde meiner Tochter immer das Nutella wegessen.

Nicht so schlimm, in ein, zwei Tagen werden wir wieder miteinander reden und alles wird vergessen sein. Auch an den verschütteten Kaffee und mein vom Hund verdrecktes Auto werde ich nicht mehr denken. Vergangenheit. Geschichte. Schnee von gestern.

Bei Beckie Williams war das völlig anders. Sie hatte einfach keine Lust zu vergessen, worüber sie sich neulich so geärgert hatte. Und darum hat sie dafür gesorgt, dass sie es nicht vergisst.

Ich weiß nicht, wie sie das gemacht hat, mit welcher Bloß-nicht-vergessen!-Technik sie gearbeitet hat. Vielleicht hat sie einen Knoten in ihr Taschentuch gemacht oder einen Zettel mit einem kleinen Magneten an ihrer Kühlschranktür befestigt, und auf dem Zettel stand rot unterstrichen »Nicht vergessen:« und hinter dem Doppelpunkt eine kurze Umschreibung dessen, was sie auf keinen Fall vergessen wollte.

Vielleicht brauchte Beckie Williams aber auch gar keinen reminder. (Ich schreibe »reminder«, weil Beckie Williams Engländerin ist, da passt das doch ganz gut, finden Sie nicht auch? Es gibt mir außerdem so was Weltgewandtes, da werden die Geschichten gleich ein bisschen aufgepeppt. Wertigkeit, verstehen Sie, das ist doch heutzutage auch so ein wichtiges Thema.)

Gut, ich meine nur, vielleicht hat Beckie Williams ja auch gar keinen reminder gebraucht. Vielleicht hat sie sich ja so mordsmäßig geärgert, dass sie das bis ans Ende ihrer Tage auch beim besten Willen nicht mehr aus ihrem Kopf rauskriegen würde, ohne dass ihr jemand ein neues Gehirn einbaut.

Ja, je länger ich darüber nachdenke, desto mehr glaube ich, dass es so etwas gewesen sein muss.

Immerhin hat sie nach kurzer Zeit vierzehntausend Mitstreiterinnen gehabt, die sich genauso furchtbar über das aufregten, was den Ärger von Beckie Williams ausgelöst hatte.

Vierzehntausend! Das ist doch ein Hammer, oder? Einmal richtig ärgern, und schon hat man vierzehntausend Leute hinter sich, die einem bestätigen, wie recht man hat.

Das würde ich nicht hinkriegen. Weder mit meiner Nutella-Geschichte noch mit der Hunde-Nummer und mit meinem Kaffeefleck schon gar nicht.

Ein, zwei Leute vielleicht, wenn sie zufällig daneben gestanden hätten, aber die hätten sich auch nicht richtig geärgert, die hätten allenfalls so getan, um mir einen Gefallen zu tun, das ist aber auch ein Mist, Alter, aber komm, jetzt reden wir über was anderes. So vielleicht.

Aber vierzehntausend? Nie. Nie im Leben! Und die haben eben auch nicht nur so getan, die haben sich ja wirklich ein Loch in den Bauch geärgert, genau wie Beckie Williams.

Das merkt man daran, dass sie sich sofort organisiert haben, nachdem sie sich geärgert hatten.

Beckie Williams hatte in ihrem Ärger mit einer Kampagne im Internet-Netzwerk Facebook begonnen, und hast-du-nicht-gesehen waren die vierzehntausend Frauen mit im Boot und skandierten rund um die Uhr im Internet »Busts4Justice! – Busts4Justice! – Busts4Justice!«

Das heißt ungefähr »Busen für Gerechtigkeit« und ist nicht der Titel eines im Juristenmilieu angesiedelten Pornos, sondern der Schlachtruf der Beckie-Williams-Armee.

Der Eindruck auf den Gegner muss gewaltig gewesen sein.

Er hat kapituliert. Nicht sofort, das hat schon eine Weile gedauert, aber im Mai wurde die Geschichte mit den zwei englischen Pfund – das sind so ungefähr zwei Euro dreißig – zurückgenommen. Das war der Sieg für Beckie Williams und ihre Kampfgenossinnen.

Ein grandioser Sieg. Sie hatten es geschafft, der großen englischen Bekleidungskette Marks & Spencer eine empfindliche Niederlage zuzufügen. In aller Öffentlichkeit übrigens. In ganzseitigen Zeitungsanzeigen kündigte Marks & Spencer eine geänderte Preispolitik an. Und einen Rabatt auf alle BHs. Das war nicht ohne feine Ironie. Und hatte damit zu tun, dass das ganze Theater mit einem BH angefangen hatte.

Beckie Williams wollte bei Marks & Spencer einen BH kaufen und stellte fest, dass ein BH in ihrer Größe mehr kosten sollte als kleinere Größen. Ab Körbchengröße DD wurde ein Aufpreis von zwei Pfund verlangt.

Das ärgerte Beckie Williams. Aber so richtig.

Ich war natürlich nicht dabei, aber so wie die Geschichte weiterging, stelle ich mir vor, dass sie kurz davor war, mit Pflastersteinen die Schaufenster des Kaufhauses einzuwerfen.

Dass sie eine andere Möglichkeit fand, ihrer Empörung Ausdruck zu verleihen, hat vielleicht auch damit zu tun, dass sie Literaturwissenschaftlerin ist, also mehr eine Frau des Wortes als eine überzeugte Anhängerin roher Gewalt.

Wer weiß, wie die Geschichte verlaufen wäre, wenn Beckie Williams ihr Geld als Profi-Catcherin verdienen würde oder auf irgendeinem Gemüsegroßmarkt von morgens bis abends Zwiebelsäcke zu schleppen hätte.

Nein, ich bin schon froh, dass Frau Williams Akademikerin ist und die Dinge sich so fügen konnten, wie sie sich gefügt haben.

Sie redete also mit den Marks & Spencer Managern und versuchte ihnen klarzumachen, dass es für Frauen mit einem größeren Busen diskriminierend sei, wenn sie für einen BH mehr Geld ausgeben müssten als Frauen, die kleinere Körbchengrößen benötigen.

Die Manager sahen das ganz anders. Sie argumentierten, es sei nun mal teurer, größere Kleidungsstücke herzustellen als kleinere, und außerdem ließen sich andere Bekleidungshersteller Größenunterschiede mit viel höheren Preisunterschieden bezahlen.

Schluss, aus, Ende der Diskussion.

Nicht für Beckie Williams. Sie nannte die Unterschiede in der Preisgestaltung von Marks & Spencer eine »Tit-Tax«, also Tittensteuer, und richtete auf Facebook die Plattform für ihre Kampagne ein. Hier forderte sie erfolgreich die schnell auf vierzehntausend Frauen angewachsene Schar der Gleichgesinnten auf, telefonisch und per E-Mail bei Marks & Spencer gegen die diskriminierenden Preisunterschiede zu protestieren.

Durch diese Aktion bekam das Thema Tit-Tax eine große Öffentlichkeit. Entscheidender Impuls zum Nachgeben war jedoch Beckie Williams' Ankündigung, sie würde sich eine Marks-&-Spencer-Aktie kaufen und auf den alljährlichen Aktionärsversammlungen den Vorstand mit der BH-Problematik konfrontieren.

Das war für die Geschäftsleitung von Marks & Spencer offensichtlich eine so grauenhafte Vorstellung, dass die weiße Fahne geschwenkt wurde. Sieg auf der ganzen Linie.

Ich finde diese Geschichte wunderbar. Phantasievoller und auch noch erfolgreicher Widerstand. Na bitte, es geht doch.

Und dass das Thema des Widerstands der Kampf gegen die Diskriminierung eines körperlichen Merkmals war, gefällt mir natürlich auch ganz ausgezeichnet. Das ist spannender Stoff für das Buch. Derartige Anregungen brauche ich zur Zeit so dringend wie ein schlaffer Reifen die Luftpumpe, sonst werde ich nie fertig mit dem Schreiben.

Ich bin mir allerdings nicht sicher, ob das Argument von Marks & Spencer, größere Kleidungsstücke würden bei der Herstellung höhere Kosten verursachen als kleinere, wirklich so völlig an den Haaren herbeigezogen ist.

Es ist nur so ein Gedanke, aber zwischen ganz klein und ganz groß müsste doch eigentlich ein deutlicher Mehr- oder Minderverbrauch an Stoff, Nähgarn und was weiß ich noch für Materialien bestehen. Ich habe mir noch nie einen BH genäht, ich kann da nur spekulieren.

Und es dauert doch auch bestimmt länger, eine Naht zu nähen, die, sagen wir mal, dreißig Zentimeter lang ist, als eine Naht, die nur fünfzehn Zentimeter lang ist.

Oder ist das etwa beim Nähen so, dass die Nähmaschine bei kurzen Nähten gar nicht richtig in die Puschen kommt und schon wieder abgebremst werden muss, bevor der Spaß überhaupt anfängt, während sie bei langen Nähten volle Kanne die Geraden entlangbrettern kann, dass einem beim Zuschauen vor Begeisterung die Augen tränen?

Dann wäre ja unter Umständen die Gesamtzeit pro Stück die gleiche, also so eine Art BH-Standardrunden-Zeit, unabhängig von der Streckenlänge.

Mir brummt der Kopf, ich kann mich da einfach nicht einfühlen, das ist alles so technisch.

Totale Verunsicherung. Ehrlich. Ich bedaure schon, mit diesem Thema überhaupt angefangen zu haben, aber eine halbe Seite wegschmeißen will ich auch nicht. Es steckt Herzblut in dem, was ich schreibe, so was schmeißt man nicht so einfach weg.

Da fällt mir gerade ein, dass ich mich bei den Baby- und Kleinkindklamotten, die ich früher immer gekauft habe, als unsere Kinder noch klein und süß und frei von jeder Art von Aufmucken und Pampigkeit waren, oft gewundert habe. Da war ich immer erstaunt, dass so ein mal gerade daumengroßer Winzschuh fast so viel kostete wie meine Quadratlatschen. (Ich habe Schuhgröße siebenundvierzig, auch so ein Thema. Nicht nur beim Schuhekaufen. Jaguarfahrer wissen, wovon ich rede. Das ist aber nur ein Beispiel, ich besitze keinen Jaguar.)

Mir wurde dann immer erklärt, dass das Teure an der Herstellung von Schuhen die handwerkliche Arbeit sei und nicht das verbrauchte Material. Das schien mir damals eine nachvollziehbare Erklärung zu sein. Ich habe wahrscheinlich verständnisvoll genickt und dann zu Hause den Kenner raushängen lassen, Handwerk hat eben seinen Preis und so.

Damals war ich sozusagen auf der Seite von Marks & Spencer. Heute wäre ich viel lieber auf der Seite von Beckie Williams. Ich weiß nur nicht, wer von beiden recht hat.

Diese Unsicherheit kommt wohl auch aus meiner eigenen Geschichte. Für mich ging es immer nur darum, überhaupt irgendetwas in meiner Größe zu finden, da habe ich mir über die Preise der S-, M- oder L-Klamotten keine Gedanken gemacht. Das hätte einfach nichts gebracht.

Meine Welt fing erst bei XL an, da stand dann eben auf den Preisschildern, was draufstand, ich habe es bezahlt und war glücklich, etwas Neues zum Anziehen zu haben.

Selbst wenn mir jemand gesagt hätte: Hey, ist dir eigentlich klar, dass die XL-Hose, die du gerade gekauft hast, acht Euro teurer war als die gleiche Hose in L?«, hätte das nichts geändert für mich. Was bitte hätte ich denn tun sollen? Die XL- in eine L-Hose umtauschen, mit den ausbezahlten acht Euro Differenz Eis essen gehen? Und die neue Hose in den nächsten Kleidercontainer werfen, weil sie ja doch nie-nie-nie passen würde?

Leute, begreift doch – ich heiße nicht Beckie Williams, ich hatte keine Chance.

Natürlich ist mir aufgefallen, wenn in irgendwelchen Katalogen Hemden, Jacken, Hosen von einer bestimmten Größe an aufwärts auf einmal deutlich mehr kosteten.

Ich fand das bis jetzt aber in Ordnung, ich war daran gewöhnt, dass Dicke anders behandelt werden als Dünne: Volumen kostet halt.

Die Langversionen von Siebener BMW und S-Klasse kosten schließlich auch mehr als die normalen Limousinen.

Und zwar reichlich mehr. Ob das aber glaubhaft mit dem zusätzlichen Materialaufwand erklärt werden kann, hat mich nie gekümmert.

Ist halt so.

Ich begreife so langsam, welche Demutshaltung man als dicker Mensch entwickelt. Das ist ja grauenhaft, wie man uns ausnehmen kann.

Die sind doch froh, wenn sie überhaupt etwas kriegen? Die sollen einfach die Klappe halten und zahlen?

Macht so der Handel seine Geschäfte mit uns?

(Bevor jetzt jemand fürsorglich ausruft, Abnehmen sei keine schlechte Idee, wenn man Aufpreise vermeiden will, empfehle ich den Preisvergleich bei Lebensmitteln in großen Packungen. Meine Tochter zum Beispiel – Sie werden sich vielleicht erinnern – isst gern eine bestimmte Nussnougatcreme, deren Namen ich an dieser Stelle lieber nicht nennen will. Ich habe ihr deshalb vor einiger Zeit ein riesiges Glas dieser Nussnougatcreme gekauft. Da waren bestimmt ein oder zwei Kilo drin, eine Wahnsinnsmenge, und das hieß dann Vorteils- oder Familienpackung oder so was Beknacktes und suggerierte, zu einem günstigen Preis erwerbbar zu sein. Wenn man dann aber die Kilopreise der normal großen Gläser mit dem Kilopreis der Monsterpackung verglich, wurde schnell klar, dass der Inhalt der Riesenpackung in der Relation erheblich teurer war als der Inhalt der kleineren Packungen.

Tja, ihr Dünnen, auch ihr müsst aufpassen, wenn es um Dickes geht.)

Ja, jetzt habe ich meine Position gefunden. Ich bin auf der Seite von Beckie Williams!

Und darum sage ich so laut und deutlich, dass es alle hören: No Tit-Tax, please!

Aus dem Munde eines Mannes klingt diese Forderung vielleicht ein bisschen merkwürdig, wegen der Anatomie und so. Ich meine das aber mehr in einem übertragenen Sinn, verstehen Sie, als Allegorie, als stellvertretenden Kampfruf gegen Aufpreise bei großen Hemden, Hosen, Pullovern, Schuhen, Schlafanzügen, Lederjacken und Nutellagläsern. Um nur mal ein paar Beispiele zu nennen, die so richtig ins Geld gehen können.

Ich will diese Preissprünge jedenfalls nicht mehr sehen. Wozu gibt es Mischkalkulationen.

Na klar weiß ich, dass man für ein kleineres Hemd weniger Stoff braucht als für ein großes. Aber das ist mir ab heute egal. Ich bin Beckie-Williams-Fan!

Übrigens, ich weiß es wirklich. Nicht, dass Sie glauben, ich würde nur so vor mich hinplappern und im Grunde keine Ahnung haben von den Dingen, über die ich mich hier auslasse.

Ein Beispiel? Gern. Sogar zwei. Weil Sie's sind.

Also: Hemdenstoff ist immer ein Meter fünfunddreißig breit.

Kauft man ein Hemd mit Kragenweite vierzig, wurden für dieses Hemd ein Meter vierzig Stoff verarbeitet.

Kauft man ein Hemd mit Kragenweite zweiundfünfzig, wurden dafür ein Meter achtzig Stoff verarbeitet.

Da staunen Sie, was ich alles weiß, nicht wahr?

Das mag ich, wenn Sie staunen. Darum gleich Beispiel zwei, Anzüge.

Anzug eins hat die Konfektionsgröße fünfzig. Für die Herstellung werden drei Meter Stoff verarbeitet. (Übrigens ist der Anzugstoff auch ein Meter fünfunddreißig breit. Das weiß ich auch.) Anzug zwei hat die Konfektionsgröße dreiundsechzig und hat für seine Herstellung drei Meter sechzig Stoff verbraucht.

Nicht eben wenig Stoff, mich hat das durchaus beeindruckt, als ich die Zahlen erfahren habe. (Ich kenne einen sehr netten Mann bei C & A, der hat das für mich recherchiert, so etwas gehört selbst bei mir nicht zur Allgemeinbildung.)

Da war ich auch noch auf der Marks-&-Spencer-Seite und wollte eigentlich schreiben, dass ich das absolut in Ordnung finde, wenn große Klamotten teurer sind als kleine. Ich wollte mich richtig ins Zeug legen.

Hört mal her, Leute, so in der Art etwa, hört mal her, Leute, ist euch eigentlich klar, dass für Hemden mit Kragenweite zweiundfünfzig zwanzig – zwanzig – Prozent mehr Stoff benötigt werden als für Hemden mit Kragenweite vierzig? Wer bitte soll das denn bezahlen? Und dann auch noch die zusätzlichen Knöpfe? Erwartet ihr ernsthaft, dass ein Bekleidungshersteller Sponsoring für die eigene Kundschaft macht? Wo lebt ihr denn, ihr Simpel, für ein großes Baguette zahlt ihr doch auch ohne zu murren mehr als für ein kleines Baguette.

Ich glaube, das wäre ganz schön abgegangen und hätte vielen Lesern die Augen geöffnet. Ist leider nichts draus geworden. Kann eben nicht alles klappen im Leben.

Ich war da wie gesagt noch auf der anderen Seite, das war lange, bevor Beckie Williams in mein Leben trat.

Tut mir ja auch leid irgendwo. Aber ich habe mich jetzt entschieden. Es hat auch keinen Sinn, noch mal darüber zu reden. Ich kann unheimlich konsequent sein, ehrlich.

Oh. Mir fällt gerade etwas ein.

Ich ... also, ich bin ... ich habe ...

Scheiße.

Das ist einfach nicht gut. Das gefällt mir überhaupt nicht.

Entschuldigung, aber meine Stimmung schmiert gerade ab wie ein Fahrstuhl mit gerissenen Seilen.

Scheiße.

Aus dem Ding komme ich nicht mehr raus. Der Zug ist abgefahren. Keine Chance. Null.

Ich war wohl zu hoffnungsvoll, zu selbstsicher, zu weit raus aus der Deckung. Immer nur ausgeteilt, nicht mehr damit gerechnet, dass etwas zurückkommen könnte.

Aber jetzt ist es passiert. Leberhaken. Keine Luft mehr.

Wie konnte ich das nur vergessen.

Immer nur doziert über Dinge, die zu klein sind, zu kurz, zu lang, zu eng, zu selten. Die klemmen, drücken, kneifen und einschneiden.

Dinge, die dicken Körpern das Leben so schwer machen.

Ein wichtiges Thema, weiß Gott. Und vielleicht ist es mir ja gelungen, Ihren Horizont ein wenig zu erweitern. Ich würde mich glücklich schätzen. Sogar jetzt, in diesem grausamen Augenblick der Erkenntnis.

Ich sage nur: Lebenszeit.

Ich habe versäumt, Sie und mich darauf vorzubereiten.

Und nun prallt dieses entsetzliche Wissen in mein Bewusstsein wie ein Asteroid in den Staub des Mondes.

Grausam, aber wahr: Meine Lebenszeit wird kürzer sein als die aller Dünnen.

Langsam gewinne ich meine Fassung zurück. Ich bin tapfer. Ich werde mich abfinden mit meinem Schicksal.

Danke für Ihre Anteilnahme. Ich will keine Geheimnisse vor Ihnen haben.

Gewiss stimmen Sie mir zu, dass Duschen nicht unbedingt mit substanzreicher, ausgefüllter Lebenszeit gleichzusetzen ist. Genauso wenig wie das in der Regel in Verbindung mit Duschvorgängen auftretende Abtrocknen.

Das sind Phasen von Wartung und Pflege, nicht mehr.

Aber unverzichtbar für die Einhaltung gesellschaftlich geforderter olfaktorischer Codes.

Werfen wir also einen Blick in eine durchschnittliche Duschkabine. Ein dünner Mensch hält sich hier für einen Reinigungsvorgang etwa vier Minuten auf.

Betritt hingegen ein dickes Exemplar der menschlichen Gattung diesen Ort körperlicher Pflege, wird sich die Tür erst zwei Minuten später wieder öffnen, also nach etwa sechs Minuten.

Sie wollen wissen, wie es zu diesem auffälligen Zeitunterschied kommt? Gern.

Holen Sie sich bitte einen Eimer Wasser und einen Schwamm. Gehen Sie auf die Straße und waschen Sie einen Smart. Merken Sie sich die Zeit, die Sie dafür benötigen.

Waschen Sie jetzt einen VW-Bus. Merken Sie sich die Zeit, die Sie dafür brauchen.

Gießen Sie das restliche Wasser in einen Gully, und bringen Sie Schwamm und Eimer zurück ins Haus.

Vergleichen Sie jetzt die Zeit, die Sie für den Smart gebraucht haben, mit der Zeit, die Sie für den VW-Bus gebraucht haben.

Setzen Sie sich. Entspannen Sie sich.

Versuchen Sie, die Dimension zu begreifen, die sich gerade in Ihrem Kopf entwickelt. Ahnen Sie langsam, welches Desaster sich Tag für Tag abspielt?

Ja. Es ist schrecklich. Ein dicker Mensch braucht für jedes Duschen zwei Minuten länger als ein dünner Mensch.

Für jedes Abtrocknen kommen noch einmal zwei Minuten hinzu. Die geduschten Flächen müssen schließlich wieder trockengelegt werden. Sonst kommt man so schlecht in die Klamotten, das kennen Sie auch.

Wir sind bereits bei vier Minuten zusätzlichen Zeitverbrauchs. Wenn wir davon ausgehen, dass im Schnitt täglich noch ein zweites Mal geduscht wird – vor dem Schlafengehen etwa, nach sportlicher oder auch anderer Betätigung, also Gartenarbeit zum Beispiel, von mir werden Sie keine Zoten hören –, schwillt das Zeitkonto mit einem Schlag auf acht Minuten an.

Das sind pro Woche sieben mal acht, also sechsundfünfzig Minuten, schon fast eine Stunde. Mal viereinhalb und wir sind bei einem monatlichen Plus von zweihundert und zweiundfünfzig Minuten. Das macht im Jahr dreitausend und vierundzwanzig Minuten. Oder fünfzig Komma vier Stunden.

Mehr als zwei ganze Tage. Vergeudet.

Beim Duschen.

Jetzt kommen mir leider doch die Tränen. Selbstmitleid, klar. Aber gab es schon einmal einen stärkeren Grund für Selbstmitleid?

Es ist Ihr gutes Recht, das anders zu sehen, bitte sehr, gern, Empathiefähigkeit ist eben nicht bei jedem Menschen gleich gut entwickelt.

Aber es ist auch mein gutes Recht, Ihnen noch ein paar Zahlen zu servieren. Nur so. Ich brauche Ihr Mitgefühl nicht. Ich komme schon klar. Irgendwie.

Wir waren gerade bei fünfzig Komma vier Stunden mehr Zeitverbrauch pro Jahr im Vergleich zu dünnen Menschen. Diese Zahl werde ich jetzt multiplizieren. Mit sechsundsiebzig Komma zwei.

Das ist zur Zeit die Lebenserwartung für ein neugeborenes männliches Kind.

Gut, es ist schon eine Weile her seit meiner Geburt, damals war die Lebenserwartung noch ein bisschen kürzer.

Ziehen wir also etwas ab. Zwei Jahre, einverstanden?

Sagen wir: vierundsiebzig glatt. (Das müsste ich eigentlich hinkriegen, ich bin noch ziemlich gut drauf. Meistens jedenfalls.)

So. Vierundsiebzig multipliziert mit fünfzig Komma vier, das macht genau dreitausendsiebenhundertneunundzwanzig Komma sechs Stunden.

Oder einhundertfünfundfünfzig Komma vier Tage.

Oder zweiundzwanzig Komma zwei Wochen.

Oder vier Komma neun dreidreidrei Monate.

Fast fünf Monate mehr als dünne Menschen werde ich im Laufe meines Lebens damit verbracht haben, zu duschen und mich danach abzutrocknen.

Das ist ein Wort, finde ich.

Vor allem wenn ich mir vorstelle, ab sofort fünf Monate Zeit zu haben für Dinge, die ich gern machen möchte.

Reisen zum Beispiel. Das würde locker für mehr als nur eine Weltreise reichen.

Oder lesen. Musik hören. Kochen. Wein trinken. Filme gucken. Ins Museum gehen. Mit einem Hund durch den Wald toben. Freunde besuchen,

Was halt Spaß macht im Leben. Das ganze Programm.

Fünf Monate lang.

Geile Vorstellung.

Stattdessen stehe ich unter der Dusche und rubbel danach mit einem Handtuch die nassen Stellen trocken.

Ziemlich bekloppt als Alternative, oder?

(Hoffentlich fällt mir das alles nicht ausgerechnet wieder an dem Tag ein, an dem ich mit meinem Sterben beschäftigt sein werde. Ich glaube, das würde mir den Tag zusätzlich vermiesen. Und wie. Au Mann, was für ein Blödsinn. Duschen.)

UV-Strahlung! Herrje, das habe ich ja völlig vergessen. Das kommt ja auch noch dazu.

Diese ganze Einschmiererei am Strand. Bei mir dauert so etwas doch ewig im Vergleich zu diesen dürren Figuren, die sich kurz ein erbsengroßes Portiönchen Sonnencreme aus der Tube quetschen und nach fünf Sekunden großzügig auf ihrer Minioberfläche verteilt haben.

Die sind alle schon dunkelbraun und haben schon so richtig was für ihren Hautkrebs getan, wenn ich gerade mal mit meinen vorderen fünf Quadratmetern fertig bin und hinten den Farbton einer reifen Cherrytomate angenommen habe.

Ungerecht ist das.

Da kommen doch auch noch mal zwei, drei Monate zusammen im Leben eines dicken Menschen. Und schon sind wir bei sieben, acht Monaten vergeudeter Lebenszeit.

Duschen, rubbeln, schmieren. Acht Monate!

Nicht zu fassen.

Und was das kostet. Wassergeld. Öl für die Heizung. Duschgel. Die Handtücher halten nicht so lange wie bei Dünnen. Sonnencreme.

Bloß nicht weiter drüber nachdenken. Kein Bock, die Jalousien runterzulassen und für den Rest des Tages depressiv in der Ecke zu sitzen.

Das würde der Gasthund bestimmt nicht verstehen.

Wie auch. Der ist schlank. Und in einer Minute trocken, wenn er schwimmen war. Ich hasse dieses Tier.

Apropos Hund. Ich muss noch Hundefutter einkaufen. Gut so. Das wird mich ablenken.

Im Supermarkt werde ich gezielt das Regal mit Tiernahrung

ansteuern, eine Tüte von diesem komischen Zeug, das er so richtig super findet, grabschen und sofort danach zur Kasse gehen. Bloß keinen Blick auf die großen Tuben Duschgel und Sonnenmilch und After-Sun-Lotion heute. Ich könnte ausrasten.

Alles getürkte Normalgrößen. Mit reichlich Tit-Tax drauf. Merkt ja keiner.

Von wegen. Ich durchschaue das Spiel. Ab heute bin ich euer Feind, Einzelhändler und Hersteller, Vertreiber und Grossisten, ach, was weiß ich denn, wie die alle heißen, die dafür sorgen, dass die Regale voll sind.

In einer Woche ist der Gasthund wieder weg. Und dann werde ich mich hinsetzen und nachdenken.

Ihr werdet euch wundern, wenn ich anfange, mich zu wehren. Mein Zorn wird furchtbar sein.

So viel schon heute: Die ruhigen Zeiten sind vorbei.

Danke, Beckie Williams. Du hast einen anderen Menschen aus mir gemacht.

Du bist einfach wunderbar.

Ich darf doch du zu dir sagen?

11
Vom Elend auf der langen Bank

Dicke und Sport. Auch so ein Thema.

Dicken Kindern wird der Sport vermiest. Und wenn sie dann erwachsen sind, werden sie schief angesehen, weil sie keinen Sport machen. Das nenne ich Konsequenz.

Natürlich war ich als Kind einer von denen, die im Sportunterricht immer als letzte auf der langen Bank sitzen blieben, wenn die lieben Mitschüler ihre Mannschaften für irgendein blödes Ballspiel zusammenstellen durften.

Die Sportlehrer, hervorragend ausgerüstet mit dem Feingefühl einer Dampframme, ließen mich sitzen, schoben sich die Trillerpfeife in den Mund, und ab ging die Post.

Für die anderen jedenfalls.

Großartig ist das. Eine Erfahrung, von der man lange etwas hat. Psychische Nachhaltigkeit garantiert sozusagen, na klar, schließlich lernen wir fürs Leben, wenn wir zur Schule gehen.

Ich habe schnell gelernt, wie es sich anfühlt, wenn man als Bremsklotz unterwegs ist.

Sie möchten wissen, was für ein Gefühl das ist?

Gern. Ich kann mich gut erinnern.

Es fühlt sich hart an. Am Hintern. Weil die Holzbank nicht nur hart wie Holz ist, sondern mit zunehmender Sitzdauer die

Härte von Granit annimmt. Das spürt man noch, wenn die Schule schon längst aus ist. Am Hintern – und in der Seele auch.

Aber es hat auch Vorteile. Wenn man mit der Anmutung eines Buddhas regungslos auf der Bank klebt, die Wahrnehmung auf Sparmodus runtergefahren hat und die laut schreienden Mitschüler, als bunte Schatten von links nach rechts und rechts nach links durch das eingetrübte Blickfeld tobend, kaum noch hört und sieht, beginnt das innere Überlebenstraining.

Die Phantasie – gewissermaßen als virtuelle Muskelgruppe, wir befinden uns schließlich in einer Turnhalle – beginnt mit ihren Übungen. Sie dehnt und streckt sich, springt und tänzelt, wirft und fängt Gedanken. Ein aufregender Film aus abstrakten und konkreten Bildern läuft ab, der Soundtrack aus dumpfen, rhythmischen Aufschlägen schwerer Lederbälle, beim Abbremsen stumpf quietschenden Turnschuhen, hallenden Rufen und messerscharf ausgestoßenen Signalen der Trillerpfeife ist eingebettet in den schweren Geruch von Bohnerwachs und Schweiß.

Inneres Kino. Sogar mit Riechen.

Ich habe in diesen Situationen keine konkreten Pläne entwickelt, keine gedanklichen Modelle, wie ich auf die traumatische Situation der Ächtung und Ausgrenzung reagieren könnte, etwa durch Herstellung und Anwendung eines gigantischen Molotow-Cocktails, der den Ort meiner Schmach, die Turnhalle, in ein Häufchen rauchender Asche verwandeln würde. Nein, für so etwas war ich nicht gestrickt.

Was sich in meinem Kopf abspielte, war nicht konkret, es war wie ein Hinweis auf eine andere Welt, in der es um andere Dinge geht als um Schwäche und Stärke, um Siegen und Verlieren, um Bessersein als andere, um länger, höher, weiter. Es waren Ahnungen, dass es jenseits des schulischen Lehrplans viel, sehr viel zu entdecken gab.

Insofern kann man sagen, dass ich äußerst erfolgreich am Sportunterricht teilgenommen habe. Anschubeinheiten für den Kopf, ich danke meinen Sportlehrern für ihr umfassendes Angebot.

Die Bank war also nur so lange richtig schlimm, bis die anderen nicht mehr drauf saßen. Ich habe schnell eine Routine entwickelt, kapiert, dass es erträglich wird, wenn der Schmerz nachlässt, sogar richtig gut werden kann für mich. Das Alleinsein hat seinen Schrecken verloren damals. Ich habe auf der Bank gesessen und trainiert. Schweißfrei und hocheffektiv.

Und keiner hat etwas gesehen.

Ich bin weit von einer Glorifizierung meines Sportunterrichts entfernt, nur dass da jetzt kein falscher Eindruck entsteht. Dazu gab es zu viele Situationen, die mit Lebensfreude ungefähr so viel zu tun haben wie eingewachsene Zehennägel in zu engen Schuhen.

Die herrlichen Tage der Bundesjugendspiele etwa, Läufe über Distanzen, die gefühlt der Strecke Erde–Mond und zurück entsprachen, aber, wie glaubhaft versichert wurde, exakt fünfzig Meter lang waren.

Weitsprünge, die diesen Namen nun wirklich nicht verdienten, weil sie schon unmittelbar hinter der Absprunglinie ein trauriges Ende fanden.

Wenigstens musste die Sandgrube nicht geharkt werden, das sparte Zeit.

Was für ein Elend. Was für eine Häme in den Kommentaren der Mitschüler. Was für eine Sehnsucht nach meinem Fahrrad, mit dem ich am Ende dieser grausamen Veranstaltung fliehen würde.

Wunderbar auch die Typen, die so richtig gut waren »in

Sport«. Ich erinnere mich an einen Knaben, der mit seiner Freizeit nichts Besseres anzufangen wusste, als in einem Turnverein Boden- und Geräteturnen zu praktizieren. Der hatte im Sportunterricht immer so ein Leuchten um seinen Adoniskörper herum, die Mädchen starrten ihn mit offenem Mund an, wenn er die Turnhalle nicht betrat, sondern mit einer nicht enden wollenden Reihe von Flic Flacs und Salti, den Boden kaum berührend, hereingeflogen kam. Bekleidet mit so einer langen weißen Turnerhose, die unheimlich schlank macht und das breite Kreuz betont. Das muss man sich mal vorstellen, lange weiße Turnerhose im stinknormalen Sportunterricht.

Er war der König, ganz klar, von den bescheuerten Sportlehrern als großartiges Beispiel hervorgehoben, schaut ihn euch an, ihr Luschen, so geht Sport, wenn man es richtig macht.

Na bravo, da kam Freude auf. Und wenn er dann minutenlang absolut schaukelfrei an den Ringen hing in seiner albernen weißen Turnerhose und seine tierischen Bizeps aussahen, als würden sie bestimmt gleich platzen, saßen die anderen Schüler depressiv auf der Bank und schauten sich die leuchtenden Augen der Mädchen an.

Es war so gemein, so demütigend, so klar jenseits aller Chancengleichheit.

Schmale Augen, dumpf mahlende Kiefer, Mordphantasien.

Er in seiner weißen Turnerhose, die anderen in ihren normalen zerknautschten Turnhosen, ich in meiner kneifenden Turnhose. So sieht Vollkommenheit aus.

Zum Glück hat der frühe Florian-Hambüchen-Prototyp dann irgendwann die Schule gewechselt. Wir brauchten ein halbes Jahr, um uns zu erholen.

Ach ja, die Nummer mit dem Tauziehen, die war auch nicht schlecht. Ich will sie Ihnen nicht vorenthalten, diese erneute Erfahrung strotzenden Selbstwertgefühls.

Tauziehen war angesagt, endlich, mein großer Moment.

Diesmal war ich der Erste, der von der Bank geholt wurde, die Mannschaft brauchte mich. Ich war bereit. Das wunderbare, warme Gefühl, unersetzlich zu sein. Diese ungewohnte Perspektive beim Blick nach unten auf die, die noch auf der Bank hockten. Die Dünnen, die mit flehendem Dackelblick um ihre Auswahl bettelten.

Es schien ein herrlicher Tag zu werden.

Wir gewannen innerhalb von Sekunden. Ich schaute zum Horizont. Mein Blick war von großer Klarheit. Das Leben hatte noch viel vor mit mir.

Die gegnerische Mannschaft legte Protest ein, kaum dass sie sich aus dem Staub aufgerappelt hatte. Noch ein Durchgang, aber ohne mich. Gern. Sie hatten ja recht. Gewinnen konnte man nur, wenn ich nicht dabei war.

Milde lächelnd stand ich neben dem Sportlehrer, als er das Zeichen gab.

Ich sah zu, wie meine Mannschaft – gewann.

Gewann? Wie war das möglich? Mein schwerer Körper war Garant für den Sieg, ohne ihn war die Mannschaft nichts – und trotzdem gewann sie?

Ich war überflüssig. Nicht nötig. Es ging sehr gut auch ohne mich. Es war wie immer beim Sportunterricht.

Ich verstand es nicht. Ich wollte es aber verstehen. Physikalische Messreihen mussten helfen, die Erklärung zu finden. Schulpsychologen mussten mentale Auswirkungen in besonderen Situationen abschätzen. Eine infame Verschwörung gegen mich musste ausgeschlossen oder nachgewiesen werden. Ich wollte Klarheit.

Ich sagte nichts. Der Lehrer auch nicht.

Es war doch wieder ein Scheißtag geworden. Klar – es war Donnerstag, und ich hatte eine Doppelstunde Sport.

Verstehen Sie so langsam, warum ich Sport geliebt habe in der Schule?

Das ist lange her, zum Glück. Der Typ mit der weißen Turnerhose macht wahrscheinlich heute noch zehn Flic Flacs und vierhundert Klimmzüge vor dem Frühstück. Weil er sonst kein gutes Körpergefühl hat.

In Ordnung. Soll er. Mein Groll ist verflogen. Ich habe gemerkt, dass man auch ohne Flic Flacs ganz gut über den Tag kommen kann. Mein Körpergefühl ist auch ohne Sport okay.

Was nicht heißt, dass ich keinen Sport mache. Doch, doch, ich bewege mich schon. Das macht mir auch Spaß. Aber ich mache es nicht regelmäßig und ohne Anspruch und ohne Druck. Zum Spaß halt. Ich schwitze und fühle mich gut und denke, au ja, dass mache ich jetzt öfter. Das ist dann entweder auch so oder auch nicht. Wie es halt kommt. So ist das bei mir.

Wie Sie das halten, ist mir wurscht. Ich denke, es gibt Menschen, die brauchen jeden Tag Sport, weil sie sich sonst mies fühlen. Andere Menschen fühlen sich auch ohne Sport schweinegut.

Sehr schön. Es ist einfach gut, wenn man weiß, was man machen muss, um sich körperlich und überhaupt gut zu fühlen.

Aber bitte keine Doktrin. Ich kann mir zum Beispiel nicht vorstellen, ohne Bücher zu leben. Ich lese nun mal gern. Ich fühle mich gut mit einem Buch in der Hand. Ob es anderen Menschen auch so geht, interessiert mich nicht weiter. Ich blase niemandem die Ohren voll, dass ein Leben ohne Bücher der letzte Schrott ist. Oder ohne Motorradfahren. Oder ohne Rotwein. Oder ohne Kunst. Oder ohne Hund.

Mehr erzähle ich Ihnen jetzt nicht über mich, aber Sie haben ja schon verstanden, was ich meine, Sie sind ja nicht blöd.

Mir geht es also gut als Mensch und Nichtsportler.

Ich bin wirklich zufrieden mit meinem Leben.

Trotzdem habe ich manchmal einen Anflug von Zweifel.

Sehnsüchtig seufzend denke ich dann: Ach, wäre ich doch als Japaner auf die Welt gekommen.

In diesen Phasen der Nachdenklichkeit sehe ich ein anderes Leben vor mir. Gestochen scharf.

Mit meinen körperlichen Anlagen wäre ich in Japan ein Supersportler geworden. Daran gibt es nicht den geringsten Zweifel.

Spätestens als Fünfzehnjähriger wäre ich in eine »Heya«, eine Sumoschule, eingezogen, hätte dort gelebt und mit meiner Ausbildung begonnen.

Gut – die ersten anderthalb Jahre wären mir vielleicht etwas schwergefallen. Die Regelung, dass neue Schüler in dieser Zeit den älteren Sumotori die Toiletten putzen und ihre Zimmer aufräumen müssen, hätte mich wahrscheinlich nicht wirklich begeistert.

Aber dann.

Hundert Kilo Körpergewicht – die Schallmauer, die Witzfiguren von echten »Rikishi«, also »Kraftmenschen« trennt, hätte ich schon längst hinter mir gelassen. Schnell würde die Waage ein ordentliches Kampfgewicht anzeigen. Hundertvierzig, hundertfünfzig Kilo müssten es schon sein, um in der »Makushita«, der höchsten Kampfliga, mitmischen zu können. Aber auch ein Körpergewicht von über zweihundert Kilo wäre kein Hinderungsgrund für diesen Sport.

Kein Problem. Zweimal am Tag reichlich »Chanko-Nabe«, einen speziellen protein- und fettreichen Eintopf, ausgiebig Mittagsschlaf, und bald wäre die ideale Physis eines Sumoringers erreicht: Bauch, Hüften und Beine mit gewaltigen Rundungen, die für den kampftechnisch so wichtigen tiefen Schwerpunkt sorgen.

Europäische Ignoranten würden den Anblick »fettleibig« nennen und sich mit Grausen abwenden.

Wie kann man nur, würden sie denken. So etwas soll Sport sein?

Ja. Auch so etwas ist Sport. Und was für einer.

Unter ihrer gewaltigen Fettschicht haben Sumokämpfer eine ausgeprägte Muskulatur. Nicht so aufdringlich exponiert wie bei Bodybuildern, aber sie ist da. Erst diese gut entwickelte Muskulatur ermöglicht die beeindruckende körperliche Geschicklichkeit und atemberaubende Explosivität guter Kämpfer.

Ein Sumoringer ist überraschend beweglich.

Spagat ist in der Regel kein Thema.

Können Sie ein Spagat machen? Na sehen Sie.

Macht nichts, ich kann das auch nicht. Aber die dicken, fetten Sumoringer können es.

Ich meine ja nur. Wir reden doch gerade über Dicke und Sport. Manche Dicke können eben mehr als viele Dünne.

Wie bitte? Jaja, die Gesundheit. Nein, das kann nicht lange gutgehen. Natürlich halten die Gelenke das nicht lange aus. Der Kreislauf auch nicht, natürlich nicht. Beruhigen Sie sich doch. Bitte. Sie haben ja recht.

Mit Mitte dreißig, maximal mit vierzig ist Bingo bei den Sumoringern. Schluss, aus, vorbei. Ende der sportlichen Laufbahn.

Da hält jeder Kegelclub länger durch.

Na also. War doch klar. So was sieht man doch auf den ersten Blick.

Augenblick mal.

Wie ist das eigentlich bei anderen Hochleistungssportlern? Bundesligafußball mit Mitte vierzig?

Gern. Aber auf der Tribüne.

Tour de France als Vierzigjähriger? Mal sehen, was Lance Armstrong noch so vorhat. Sonst wohl eher Fehlanzeige.

Leichtathletik, Fechten, Gewichtheben, Boxen, Tennis? Mit vierzig ist Schluss. Meistens schon lange vorher.

Eine Ausnahme fällt mir gerade ein: Reiten. Der olle Josef Neckermann zum Beispiel. Der ist als älterer Herr nicht nur noch privat ein bisschen rumgehoppelt, der hat sein letztes Profiturnier mit neunundsechzig geritten. In Aachen.

Oder Hans Günter Winkler. Das war der mit Halla, der »Wunderstute«, trotz gebrochener Gräten Goldmedaille und so, der hat seine Profikarriere auch in Aachen beendet. Mit sechzig.

Das imponiert mir, wie lange die Jungs auf so hohem Niveau aktiv waren.

Die Herrschaften – das wird Sie freuen – waren übrigens *nicht* dick. Weder die Gäule noch die Reiter.

Das hören Sie gern, nicht wahr?

Wissen Sie was – das schenke ich Ihnen. Ist doch ein gutes Argument, wenn es mal wieder eng werden sollte in der Diskussion.

Ich will ja, dass es Ihnen gutgeht, ehrlich.

Also merken wir uns: Professionelles Reiten geht lange.

Aber auch sonst finde ich es wirklich gut, wenn man bis zum Abgang aktiv bleibt. Nordic Walking oder Schwimmen oder Radfahren oder Wandern, egal, Bewegung ist nicht schlecht für den Körper.

Sogar wenn man dünn ist. Es muss ja nicht gleich in Sport ausarten.

Ich schweife ab. Entschuldigung.

Wir waren gerade beim Sumoringen, dieser in Deutschland nicht eben populären Sportart mit den ganz dicken Männern.

Eine kleine Gruppe Fans schaut sich regelmäßig spät abends

auf einem Sportkanal Sumokämpfe an. Bei diesen Zuschauern sind zwei Gruppierungen zu unterscheiden.

Die erste, größere, besteht aus schenkelklopfenden Voyeuren, die beim Anblick sehr dicker Menschen in eine schadenfrohe und gehässige Heiterkeit verfallen. Sie empfinden Sumokämpfer als Monster und betrachten sie völlig losgelöst vom sportlichen Ereignis.

Das ist wie beim Beachvolleyball. Hier gibt es auch eine große voyeuristische Gruppierung von Zuschauern, die keine Ahnung von den Spielregeln hat und nur vor der Glotze hängt, weil sie auf ein optisches Erlebnis scharf ist.

Der Kick beim Beachvolleyball entsteht aus dem Anblick der Spielerinnen – und vielleicht auch Spieler – in ihren knappen Bekleidungen. Das Programm ist für die betreffende Zuschauergruppierung also erotisch aufgeladen.

Auch beim Sumo geht es um das ungehinderte Angaffen körperlicher Merkmale. Die Aufladung des Programms dürfte hier jedoch seltener erotisch definiert sein und eher negativ besetzte Vorlieben befriedigen. Eine unangenehme Funktionalisierung des Sports findet aber auch hier statt.

Die zweite Gruppierung der Sumofans stellt so etwas wie ein Fachpublikum. Informiert über Regeln, Zeremonien und Traditionen der über zweitausend Jahre alten japanischen Sportart, lassen sich diese Zuschauer vom eigentlichen Kampf ebenso faszinieren wie von den Ritualen der symbolischen Reinigung des Rings durch das Werfen von Salz oder dem Spülen des Mundes mit »Chikara-Mizu«, dem »Kraftwasser«.

Oh ja, Sumo ist wirklich ein interessanter Sport. Ich hätte wirklich sehr gut reingepasst in diese Szene in Japan.

Mein Leben wäre großartig gewesen.

Ich wäre verehrt worden von den Japanern, die diesen Sport mehr lieben als die meisten anderen Sportarten.

Und nicht nur die Japaner hätten mich verehrt. Die Japanerinnen hätten es ihnen gleichgetan. Und wie.

Sie wissen das vielleicht schon. Aber mich hat es umgehauen, als ich erfahren habe, dass alle Sumoringer unglaublich schöne, schlanke Ehefrauen haben.

Wow. Drei Zentner Lebendgewicht und eine wunderschöne, schlanke Frau.

Was soll das werden – eine Neuverfilmung von *The Beauty and the Beast*?

Nix da. Realität.

Dicke, höchst attraktive Männer.

Stop – kleine Einschränkung: dicke, höchst attraktive Sportler.

Das muss schon sein, das mit dem Sport. Nur dick reicht nicht bei japanischen Frauen. (Schade.)

Aber mit Sport scheinen sie das super zu finden.

Dünne japanische Männer sollen das so richtig zum Abkotzen finden. Dicke Männer als Erfolgs- und Sexsymbol. Pfui Teufel – oder wie der Typ mit den kleinen Hörnern in Japan genannt wird.

Mich freut das, merke ich gerade. Ich kann ziemlich gemein sein. Oh ja.

Das mit dem Sexsymbol habe ich mir übrigens nicht ausgedacht. In der *Zeit* habe ich vor ein paar Monaten gelesen, dass japanische Frauen Sumoringer rattenscharf finden.

Den Artikel hatte eine Japanerin geschrieben, die müsste es ja wissen.

Ich bin dann aber doch nicht nach Japan gezogen.

Ich hatte gleich befürchtet, dass das mit dem Sumoringenkönnen ziemlich wichtig ist.

Manchmal habe ich wirklich den richtigen Riecher. Das

kann ziemlich viel Geld sparen. Und die eine oder andere schreckliche Enttäuschung verhindern kann es auch.

Mit Geld hat das bei den wunderschönen, schlanken japanischen Frauen, die mit einem Sumoringer verheiratet sind, übrigens überhaupt nichts zu tun.

Könnte man ja denken, oder? Erfolgreicher Sportler, verdient viel Kohle, da kann die Lady ja schon mal ein Auge zudrücken, wenn die Passform des Kerls ein bisschen suboptimal ist.

Könnte man vielleicht sogar nachvollziehen. Japan soll ja auch tierisch mit der Wirtschaftskrise zu tun haben.

Quatsch, völliger Quatsch.

Die wunderschönen, schlanken Japanerinnen, die mit einem Sumoringer verheiratet sind, brauchen keine Kohle. Die haben schon selber Geld gemacht. Und zwar reichlich.

Diese Frauen sind überaus erfolgreich in ihren Berufen und stehen auch noch in der Öffentlichkeit. Als prominente Schauspielerinnen oder Sängerinnen zum Beispiel.

Bekannt und reich – solche Frauen haben freie Auswahl und Zugriff auf das Beste, was der Männermarkt zu bieten hat.

Und wofür entscheiden Sie sich? Für einen Sumoringer.

Für einen Mann, der so korpulent ist, dass es nur so kracht.

Ein tolles Land, dieses Japan.

Schade, dass davon so wenig auf Deutschland abfärbt.

Deutschland könnte so viel lernen von Japan, ehrlich.

Ich bin absolut für eine Intensivierung der sozialen und kulturellen Beziehungen. Das würde sich lohnen, glauben Sie mir.

Außerdem hat das ja schon eine lange Tradition mit der gegenseitigen Wertschätzung. In den dreißiger Jahren des vergangenen Jahrhunderts war zum Beispiel an japanischen Hochschulen die Lehrsprache für Medizin Deutsch.

Das muss man sich einmal vorstellen. Diese Nähe. Diese Vertrautheit.

Eine Schande, etwas so Kostbares brachliegen zu lassen.

Ich denke, die Gründung von Sumoschulen in jeder deutschen Stadt über fünfzigtausend Einwohner wäre ein erster Schritt in die richtige Richtung.

Begleitende Volkshochschulkurse mit japanischen Dozentinnen würden deutschen Frauen die Augen öffnen für die Attraktivität dieses wunderbaren Sports.

Ich sehe da ein großes Potential.

Aber auf mich hört ja wieder keiner. Sumoringen wird in Deutschland ein Minderheitenprogramm bleiben. Im Fernsehen. Spät abends versteckt.

Schade ist das, so schade. Es gibt in unserem Land Hunderttausende junger Männer, die wie geschaffen sind für diesen herrlichen Sport. Das Wichtigste haben sie bereits: das Kampfgewicht.

Die paar Muskeln, die man braucht, wären schnell herbei trainiert. In jeder Ausgabe von *Men's Health* ist nachzulesen, was in zwei, drei Wochen zu erreichen ist. Das genügt, ich bin mir sicher. Für den Anfang allemal.

Es könnte klappen. Ich will, dass es klappt.

Spüren Sie meinen Enthusiasmus?

Ja, ich bin ein Mensch mit Visionen. Helfen Sie mir. Es sind die kleinen Schritte, die uns weiterbringen.

Sprecht mir nach, dicke Männer: »Ich bin nicht dick. Ich bin Sumoringer!«

Dünne Frauen dicker Männer, sprecht mir nach:

»Mein Mann ist nicht dick. Mein Mann ist Sumoringer!«

Jede japanische Touristin wird vor Neid erblassen und euch für eine berühmte deutsche Schauspielerin halten.

Unsere Idee wird unser Land erobern. Historiker werden von den Jahren der Sumotori-Revolution sprechen.

Unser Land wird nicht mehr sein, wie es war.

Schon bald werden die Stadien verwaisen. Fußball? Schnee von gestern. Ein neuer Sport erobert die Nation.

Sumoliga. Life zur besten Sendezeit. Sieben Tage die Woche. Deutsche Sumomode bringt die internationalen Laufstege zum Beben.

Eine geheimnisvolle Selbstmordwelle bei Models unter hundertzwanzig Kilo beherrscht über Monate die Schlagzeilen der Boulevardpresse.

RTL erreicht mit *Deutschland sucht den Super-Sumo* sechs Wochen in Folge eine Einschaltquote von achtundneunzig Prozent in der Zielgruppe.

Johann Lafer bekommt für sein »Mein Chanko-nabe-Menü für Sumo-Gourmets«, eine protein- und fettreiche Eintopfvariante mit japanisch-österreichischen Cross-over-Elementen, den dritten Michelin-Stern.

Sein Kochbuch *Nie wieder dünn mit Sumo-Johann* hält zwei Jahre Platz eins der *Spiegel*-Bestseller-Liste.

Berlins Bürgermeister Wowereit erklärt tief gekränkt seinen Rücktritt, als sein Lieblingsslogan »Be Berlin«, zuletzt nur noch auf der Titelseite eines Reiseführers für Bi-Sexuelle zu lesen, mit dem Einstampfen der Restauflage endgültig Geschichte wird: Berlin gibt es nicht mehr. Nach einer Volksabstimmung wurde die deutsche Hauptstadt in »Sumo Town« umbenannt.

Offizieller Hauptstadtslogan: »Be Sumo!«

Ja, so soll es sein. So wird es sein.

Glauben Sie mir – es ist nur eine Frage der Zeit.

Lange haben wir gewartet auf ein neues Lebensgefühl.

Endlich ist es nah.

Fühlen Sie es auch schon?

Dick, dünn – worüber redest du?

Vorbei die Zeit endloser Diskriminierung.

Dick oder dünn – diese Frage hat ihre Existenzberechtigung verloren. Ein für alle Mal. In unserer neuen Welt darf jeder sein, wie er will.

Vorausgesetzt, er ist dick.

Zögern Sie nicht. Stimmen Sie ein:

»BE SUMO!«

12
The London Catalogue

Vor etwa zwanzig Jahren erzählte mir ein Freund in London von einer Agentur, über die Prostituierte jedweder Couleur zu buchen waren. Wobei »Couleur« mehr bedeutete als die schlichte Hautfarbe. Wie in einem Otto-Katalog der Lüste konnte ausgesucht werden, was Auge und Körper erfreuen sollte. Mann oder Frau, jung oder alt, schwarzhaarig, blond, brünett, rothaarig oder Glatze, groß oder klein, dünn oder dick.

Ich erstarrte.

Dick! Die Agentur bot *dicke* Männer an! Es musste also Menschen geben, die bereit waren, Geld auszugeben, um mit einem dicken Mann schlafen zu können.

Menschen, die also nicht zufällig einem dicken Mann begegneten und dann vielleicht irgendwann, weil sie ihn sympathisch fanden, mit ihm in der Kiste landeten, sondern die ganz gezielt eine Agentur kontaktierten, weil sie aus einem expliziten Begehren heraus Sex mit einem dicken Mann haben wollten.

Explizites Begehren! Ach, du dicker Vater. Warum rede ich plötzlich so geschwollen. »Weil sie dicke Männer attraktiv fanden«, hätte nun wirklich genügt. Aber ich muss wohl so auf die

Sahne hauen, weil mich die Geschichte schon damals sehr erregt hat.

Nicht körperlich, ich habe da andere Präferenzen als dicke Männer. Würden Sie meine Frau kennen, wüssten Sie, was ich meine. Aber die Erkenntnis, dass dicke Männer ganz offensichtlich einen Marktwert haben im Bereich des käuflichen Sex, hat so etwas wie einen Glücksschub in mir ausgelöst.

Halt, stopp. Ich habe über keinen Berufswechsel nachgedacht. Wirklich nicht. Ohne Liebe läuft bei mir eh nix, keinen Penny hätte ich eingenommen. Aber plötzlich zu begreifen, dass ich einer körperlichen Kategorie angehöre, mit der sich im Sexbusiness Geld verdienen lässt, hat mir ungeheuer gut getan.

Hm.

Ich überlege gerade, ob ich das nicht besser wegschmeiße. Sie verstehen vielleicht gar nicht, was ich mit der Geschichte erzählen will. Und dass Sie jetzt jedes Mal, wenn Sie zufällig mitkriegen, dass ich in London war, denken, ich hätte da ja doch nur irgendjemanden aus dem Vögel-Otto-Katalog gebucht, passt mir, ehrlich gesagt, überhaupt nicht.

Sie kapieren einfach nicht, wie sensibel ich bei diesem Thema bin.

Ist ja auch kein Wunder. Woher sollten Sie wissen, wie es um die Seele eines dicken Menschen bestellt ist? Wie es ist, wenn die Biographie vom Anderssein geprägt wird?

Egal. Das ist nun mal meine Geschichte. Und wenn Ihnen dazu absolut nichts anderes einfällt, als irgendeinen Blödsinn zu denken, ist es halt so. Ich kann mich nicht um alles kümmern.

Außerdem sollte ich erwarten können, dass die langen Jahre in meinem Beruf mein Fell ziemlich dick gemacht haben. In meiner Branche wird auch viel Mist gedacht. Und erzählt. Und zwar mit großer Freude. Insofern sollte ich ausreichend abgehärtet sein.

Wir werden sehen. Und vielleicht können Sie sich ja ausnahmsweise ein bisschen zurückhalten. Das würde schon mal helfen.

Eigentlich ist es doch ziemlich bescheuert, dass ich mich über die Erkenntnis, theoretisch als Prostituierter arbeiten zu können, so gefreut habe. Vielleicht ist es auch nicht bescheuert. Sondern traurig.

Ich meine, warum war dieser skurrile Nachweis potentieller Attraktivität so wichtig für mich?

Die Erklärung ist ziemlich schräg. Ich verrate sie Ihnen trotzdem.

Wenn man als ein Produkt unter vielen in einen Katalog aufgenommen wird, ist man auf einmal so normal wie eine dicke Kreuzschlitzschraube in einem Schraubenkatalog. Man gehört plötzlich dazu.

Sie wundern sich? Kann ich sogar verstehen. Aber genau darum geht es. Als Dicker wünschen Sie sich nichts sehnlicher als Normalität. Normal zu sein – das bedeutet für einen dicken Menschen kurz vor Papst. In der Regel unerreichbar.

Was heißt hier, in der Regel – es ist schlicht und einfach unerreichbar. Ich weiß, wovon ich rede.

Normal heißt normalerweise (pardon, aber das war jetzt gerade so verlockend ...), so zu sein und so auszusehen wie alle. Wobei alle ja gar nicht aussehen wie alle. Und auch nicht so sind.

Es gibt reichlich Unterschiede. In der Größe. In der Kleidung. In der Körperform. Im Humor. In der Intelligenz. Im Geruch. In der Belastbarkeit. Im Sozialverhalten. In der Einstellung zu Haustieren. In den Fernsehvorlieben. Und so weiter und so weiter.

Alle sind nicht wie alle. Alle sind auf eine besondere Art individuell.

Warum dann dieser absurde Wunsch?

Ablehnung. Ausgrenzung. Verachtung. Darum.

Das sind die Erfahrungen, die dicke Menschen verinnerlicht haben. Seit ihrer Kindheit haben sie damit leben müssen, dass andere Menschen so auf sie reagieren. Täglich. Offen musternd oder mit verstohlenen Blicken. Mit anderen tuschelnd oder hämisch feixend. In der Schule, im Bus, im Schwimmbad. Im Restaurant, im Flugzeug, in der Schlange vor dem Bankschalter, im Kino.

Vollprogramm. Vierundzwanzig Stunden am Tag.

Meinen Sie wirklich, man schaut beim dreitausendsten Mal noch genau hin, wie der, der da gerade die Nase rümpft, eigentlich aussieht? Welche Haarfarbe er hat und wie er sich kleidet? Ob er klein oder groß ist? Dünn oder mittel? Schön oder hässlich?

Nein.

Nur ein Punkt ist von Bedeutung. Ein einziger: Der andere ist nicht dick.

So werden Dicke im Laufe ihres Lebens ungenau. Vereinfachend. Undifferenziert.

Sie reduzieren ihre Mitmenschen auf eine Kategorie: nicht dick.

So, wie sie selbst von ihren Mitmenschen auf eine einzige Kategorie reduziert werden: Dick.

Absurd, welche beiden sozialen Lager sich da verfestigt haben. Hocheffiziente Feindbilder sind entstanden. Auf beiden Seiten.

Es herrscht Gleichstand bei der Projektion.

Eine schöne Erkenntnis, nicht wahr? Jetzt haben wir das Modell. Und wie geht es bitte weiter?

Das weiß ich doch nicht. Ich wurschtel mich durch mein Leben, wie Sie das auch tun. Das funktioniert doch recht gut.

Ich will gar nicht, dass sich jetzt alle Dünnen und Dicken weinend vor Rührung in die Arme fallen und beim dicken Barte des Propheten schwören, dass von jetzt an alles gut ist und sie sich nur noch ganz, ganz, ganz doll liebhaben.

Schreckliche Vorstellung.

Ich will unbedingt weiterhin sagen dürfen, dass ich jemanden strunzdoof finde. Sexuell attraktiv wie eine verschimmelte Kohlroulade. Absolut geschmacklos, ungebildet und hässlich wie die Nacht.

Oder wunderschön, schweineklug und anziehend. Charmant, erotisch, schön und weise. Oder irgendetwas dazwischen.

Und Sie sollten das auch so tun.

Aber die Filter sollten langsam ausgebaut werden. Wenn uns jemand begegnet, sollte auf den Abgleich mit dem Sozialarchiv verzichtet werden. Einfach richtig hinschauen und zuhören und entdecken, wer einem gegenüber sitzt.

Und nicht nur kurz glotzen, ob die Ausstattung stimmt, bevor man überhaupt bereit ist zur Kommunikation.

Das ist ein so blödes und reduziertes Programm, die Menschen, die so durch ihr Leben trampeln, arrogant und zutiefst unsozial, müssten mir eigentlich leid tun. Weil ihnen so viel entgeht. Weil sie nicht erfahren, was Vielfalt ist. Und Reichtum. Und Farbe.

Sie tun mir aber nicht leid. Weil sie mich zu viel geärgert haben.

Nee. Da kommen wir nicht zusammen.

Außerdem macht es mir manchmal unglaublich viel Spaß, bockig zu sein. Da bin ich richtig gut drin.

Okay. Kompromiss. Diese Ignoranten schaffen manchmal

auch Vorteile. Aber wirklich nur manchmal. Das ist dann wie im Louvre, wenn sich alle vor der Mona Lisa drängeln.

Dann kann man sich ganz in Ruhe und so lange, wie man will, an Gabrielle d'Estrées und einer ihrer Schwestern erfreuen. Jedenfalls wenn man das Bild mag. Nicht gerade Mainstream und schweinegut.

»Und« – nicht »aber«.

Gemerkt? Bravo. Wird oft verwechselt. Mainstream ist für viele das Größte, weil man unter sich ist. Und fest davon überzeugt, ganz, ganz vorne zu sein. Wären die sonst alle da? Na bitte.

Ich merke gerade, die Ignoranten tun mir doch leid. Ich bin heute in so einer versöhnlichen Stimmung. Das habe ich gleich beim Aufstehen gemerkt. Ich habe meiner Frau einen Kaffee ans Bett gebracht und dann für die ganze Familie Frühstück gemacht. Jetzt liege ich wieder ein paar Tage vorn auf der familiären Sozialskala. Schön ist das, wenn alle so nett sind zu mir. Das Wir-gehören-alle-zusammen-Gefühl ist großartig. Hält aber nicht lange vor. Dann muss ich wieder Kaffee kochen und Frühstück machen oder so was in der Art.

Ach ja. Das Leben kann so schön sein.

Beziehungsweise: Könnte.

Kommt eben ganz drauf an, wie man von den lieben Mitmenschen positioniert wird. Innerhalb oder außerhalb des Rudels.

Wann fängt die ganze Scheiße eigentlich an? In welchem Alter kommen eigentlich die ersten Signale des Nicht-dazu-Gehörens?

Früh, fürchte ich. So ab Kindergarten geht das wohl los oder, wenn man Glück hat, auch erst in der Vorschule.

Mit Beginn der Grundschule ist jedenfalls alles klar.

Und bleibt so. Wenn kein Wunder passiert, bis ins hohe

Alter. Bis es egal ist, weil man ja sowieso nichts mehr mitbekommt.

Das nenne ich Lebensqualität.

Und zwar vom Feinsten.

Ist es nicht schrecklich?

Vor langer Zeit habe ich einmal mit einer alten Freundin über das Dicksein geredet. Ich weiß gar nicht mehr, warum wir auf dieses Thema kamen. Es ergab sich wohl irgendwie. Wir reden gern miteinander und können uns gut über Gott und die Welt austauschen. Wie das so ist bei guten Freunden.

Meine Freundin ist auch dick. Mir ist das wurscht, ich erwähne das jetzt nur für Sie. Damit Sie »aha« denken können und schon mal Bescheid wissen über meine Freundin.

Sie erzählte mir von einer Begegnung mit einem dicken Mann. Sie hatte ihn auf einem Kongress kennengelernt. Man war abends essen gegangen und danach irgendwie in seinem Hotelzimmer gelandet.

Sie haben sich auf eine besondere Art gut verstanden. Beide waren ein bisschen irritiert, dass sie – als dicke Menschen – Gefallen an einem anderen dicken Menschen gefunden hatten. Schließlich mag man das, was man an sich selbst nicht mag, bei anderen Menschen noch viel weniger. Aber an diesem Abend war das völlig unwichtig.

Sie redeten und redeten und waren ganz ehrlich zu sich, also jeder sich selbst gegenüber und beide zum jeweils anderen. So etwas ist selten, leider, und um so schöner, wenn es passiert.

Beide genossen diese Situation, die sie als unbelastet und besonders empfanden.

»Und dann …«, sagte meine Freundin, »… waren da nur noch Augen und Hände und Lippen und Haut, und es war so schön zu fliegen.«

Dieser Satz hat mir damals so gut gefallen, dass ich ihn mir bis heute gemerkt habe.

»Und dann waren da nur noch Augen und Hände und Lippen und Haut, und es war so schön zu fliegen.« Gefällt das Ihnen auch so gut?

Ich fürchte, wir lassen uns eine Menge entgehen, weil wir uns selbst verbieten zu reagieren, bevor wir den persönlichen Zutrittscheck absolviert haben. Offen für alles? Schön wär's.

Intensives Erleben? Ich bin dabei, na klar doch, ich bin ein unheimlich spontaner Typ, müssen Sie wissen. Aber die Bedingungen müssen schon stimmen, sonst macht mir das keinen Spaß.

Jaja, die Bedingungen. In der Phantasie alles vorbereiten, und dann geht es irgendwann total spontan ab. Monatelang auf lange blonde Haare und Körbchengröße dreimal D lauern, und dann unheimlich spontan anfangen zu flirten, weil da plötzlich eine Frau mit langen blonden Haaren und Körbchengröße dreimal D an der Bar sitzt. Die war so nett und hatte so ein schönes Lachen, und wir haben uns sofort gut verstanden. Sympathie auf den ersten Blick.

Ich glaube das sofort mit dem ersten Blick, wirklich. Der erste Blick hat die Körbchengröße gescannt, und das Ergebnis war sympathisch.

Um Ihnen verständlich zu machen, was mich da gerade bewegt, muss ich ein bisschen ausholen.

Ich bin absolut kein Witzeerzähler. Erstens kann ich mir keine Witze merken, und zweitens kann ich Witze nicht gut erzählen.

Damit habe ich mich abgefunden, ich vermisse da auch nichts.

Trotzdem sind seit meiner Schulzeit drei Witze in meinem Kopf hängengeblieben. Die kriege ich auch nicht mehr raus.

Manchmal überprüfe ich, ob sie noch da sind. Ich denke dann, na, mal sehen, ob du den Witz mit der Galeere noch zusammenkriegst. Und dann kriege ich den Witz aber so was von zusammen, taufrisch ist der noch, ich kann Ihnen sagen.

Als hätte ich ihn vor einer Minute zum ersten Mal gehört. Dabei war das in der siebten oder achten Klasse. Das ist jetzt über vierzig Jahre her, dass mir den jemand zum ersten Mal erzählt hat. Wahnsinn. Bei dem Witz mit Rumbalotte ist das genauso. Den kenne ich auch noch aus der Schule.

Ich habe neulich irgendwo gelesen, dass so etwas auf der neuronalen Ebene passiert. Aha. Vielleicht können Sie ja damit was anfangen. Es ist jedenfalls irgendwie so, dass man etwas hört und im Kurzzeitgedächtnis abspeichert. Und von da verschwindet es dann wieder ziemlich schnell und ist weg wie kalter Kaffee, den man in den Ausguss gekippt hat. Ist einem aber das, was man gehört hat, wahnsinnig wichtig, wird es im Langzeitgedächtnis gespeichert. Nicht einfach so, es wandert nicht einfach eine Tür weiter, es wird erst mal mit Gefühlen verknüpft. Dann wird es – im Paket gewissermaßen – im Langzeitgedächtnis eingelagert und kann bei Bedarf abgerufen werden. Wie meine drei Witze, verstehen Sie, die wurden damals auch als verknüpftes Witz-Gefühl-Paket eingeliefert und liegen seitdem da rum und nehmen Platz weg. Ich meine, wer braucht schon vierzig Jahre alte Witze.

Aber mir imponiert das, von der technischen Seite her, so ein Gehirn hat schon ziemlich was drauf.

Wobei das – wenn ich genauer drüber nachdenke – auch nicht hundertprozentig zu funktionieren scheint. Die Witze fallen mir ja immer noch ein. Aber wo sind die Gefühle, mit denen die Witze verknüpft waren? Die sind weg. Ich finde zumindest nichts mehr. Na ja. Vierzig Jahre sind schon was. Auch für ein Gehirn offensichtlich.

So. Und dann gibt's da noch den dritten Witz. Das ist ein Witz mit zwei jungen Männern aus Recklinghausen. Der ist mir gerade wieder eingefallen, als ich über den Typen, der so scharf auf große Körbchengrößen ist und deshalb einen völlig eingeengten Blick hat, hergezogen habe.

Dieser Witz liegt nun auch schon mindestens dreißig Jahre bei mir in der Birne rum. Und auch bei dem kann ich mich auf Teufel komm raus nicht an das angeknüpfte Gefühl erinnern. Schade. Aber vielleicht auch nicht. Ich weiß, dass auch ich dunkle Seiten habe. Oh ja.

Am besten, ich erzähle jetzt einfach mal den Witz.

Zwei junge Männer aus Recklinghausen machen Urlaub in Spanien. Erklärtes Ziel: zum ersten Mal mit einer Spanierin vögeln. Sie baggern und baggern, und tatsächlich wird einer von ihnen von einer Spanierin eingeladen, mit ihr die Nacht zu verbringen.

Der andere junge Mann geht unverrichteter Dinge allein zurück ins Hotel. Am nächsten Morgen trifft er seinen Kumpel beim Frühstück. Der Kumpel meldet Vollzug und wird aufgeregt bedrängt, endlich zu erzählen, wie es denn war mit der Spanierin. Er wiegt bedächtig den Kopf hin und her und sucht nach passenden Worten. Mit einer leichten Spur von Enttäuschung in der Stimme sagt er schließlich: »Ach weißt du – wenn er erst mal drin ist, ist es wie in Recklinghausen.«

Für mich zeichnet sich dieser Witz durch eine tiefe menschliche Weisheit aus. Insofern bin ich durchaus froh, dass ich ihn nicht vergessen habe.

Für den jungen Mann erfüllt sich endlich, endlich ein Traum. Eine Spanierin, er wird mit einer Spanierin schlafen!

Ich weiß nicht, was er sich ausgemalt hat. Eine Art Stierkampf vielleicht oder Flamenco im Kleiderschrank. Egal. Die Idee war irgendeine Form von wahnsinnigem Sex, der die Grenzen des Vorstellbaren ganz bestimmt verschieben würde.

Dumm gelaufen. Wir hören, dass die erhoffte Attraktion ausgeblieben ist. Was passierte, unterschied sich offenbar nicht sonderlich von bisherigen lokalen Erfahrungen in Recklinghausen.

Tja. Zu hoch gepokert, würde ich sagen. Abgestürzt von einer Mauer, die er selbst aufgebaut hat.

Immerhin hat er gelernt. Das kann man nicht über alle sagen. Ganz bestimmt nicht.

Die Vorstellungen von dem, was beim Sex hohe Erlebnisqualität verspricht, sind vielfältig und immer von großer Präzision. Ich nenne den Mechanismus, der dieser Vorgehensweise zugrunde liegt, einfach mal die »spanische Granate«.

Die spanische Granate ist ein Überbegriff für körperliche Merkmale begehrenswerter Menschen. Wobei das Begehrenswerte dieser Menschen eben diese körperlichen Merkmale sind.

Eine spanische Granate kann also aus Ostfriesland stammen und blond und blauäugig sein. Oder rothaarig und in Irland leben. Oder schwarzhaarig mit Geburtsort Paris. Auffällig bei der Verwendung spanischer Granaten ist der häufige Rückgriff auf Klischees.

Da weiß man, was man hat.

Denkt man.

Es gibt eine Unterform der spanischen Granate. Ihre Negation gewissermaßen. Zur besseren Unterscheidung geben wir ihr den Namen »spanischer Blindgänger«.

Auch der spanische Blindgänger dient der sorgfältigen Vorbereitung zwischenmenschlicher Begegnungen. Wie die spanische Granate beschreibt auch er detailliert körperliche Merkmale potentieller Partnerinnen oder Partner.

Es gibt allerdings einen gravierenden Unterschied: Parameter, die unter dem spanischen Blindgänger abgelegt werden, sind absolute No-go-Merkmale. Eine Negativliste sozusagen.

Schwarze Haare? Nein danke. Kleine Brüste? Gehen Sie bitte weiter. Dick? Da hinten ist die Tür.

Ja. So ist das. Sind Sie dick, ist Ihnen in der Regel einer der vorderen Plätze auf allen sozialen Negativlisten sicher. Ihr ganzes Leben lang. Unabhängig von Ihrer Haarfarbe und Ihrem Herkunftsort. Das macht so richtig froh und locker.

Insofern werden Sie verstehen, dass mein Herz einen großen Hüpfer machte. Aus Freude.

Damals in London, als ich von diesem seltsamen Katalog hörte.

Ich war zur spanischen Granate geworden. Nach demütigenden Jahren als spanischer Blindgänger. Wenn das kein Grund zu ausufernder Freude war. Sie werden mir zustimmen.

Das ist lange her. Ich habe mich arrangiert mit meinem Leben. Und mit meinem Körper.

Klappt gut übrigens. Ist absolut zu empfehlen. Ich glaube, man nennt das, was auf diese Weise entsteht, «Selbstbewusstsein».

Sie lesen zwar gerade keinen Ratgeber, aber den einen oder anderen Tipp finden Sie schon, wenn Sie genau hinschauen.

Weil Dicksein doch ein so wahnsinnig wichtiges Thema ist.

Ach ja. Wirklich wahnsinnig wichtig.

Über unserem ziemlich großen Esstisch hängt eine voluminöse, vom amerikanischen Architekten Frank Gehry entworfene, über zwei Meter lange Lampe. Gehry hat die Lampe »Cloud« genannt.

Sie sieht auch wirklich wie eine Wolke aus. Ich stelle mir vor, dass Gehry die Idee zu dieser Lampe hatte, als er auf einem langen Flug aus dem Fenster schaute.

Ich liebe diese Lampe. Je nach Lichteinfall scheint sie ihre Form zu ändern. Eingeschaltet leuchtet sie von innen heraus wie eine von Sonnenlicht angestrahlte weiße Wolke. Dimmt man die Lichtstärke herunter, taucht sie ihre Umgebung in weiches Mondlicht. Eine wunderschöne, verwandlungsfähige Skulptur. Design, das die Grenze zur Kunst überschreitet. Wie wohl jedes gute Design.

Die Cloud kann mit zwei unterschiedlichen Leuchtmitteln bestellt werden. Mit Energiesparlampen oder konventionellen Glühbirnen.

Nach langem Überlegen habe ich mich bei der Anschaffung entschlossen, politisch unkorrekt zu handeln und die Version mit konventionellen Glühbirnen zu bestellen. Das Licht ist einfach schöner. Warm, schmeichelnd, friedlich.

Das Licht der Energiesparlampen – die bei uns übrigens schon lange verwendet werden, weil wir es völlig bescheuert finden, wie viel Energie verschwendet wird, anstatt vorhandene technische Alternativen zu nutzen – ist im Vergleich recht kalt. Es wirkt technisch und blaustichig. Das nehmen wir aber in Kauf, um Energie zu sparen.

Bei der Cloud habe ich es nicht übers Herz gebracht. Es ging einfach nicht. Ich will diese Insel von Wärme und Geborgenheit.

Ich erfreue mich jeden Tag an ihr.

Neulich habe ich in einer Zeitung gelesen, dass es schon bald keine herkömmlichen Glühbirnen mehr geben wird. Ich bin sofort in den Baumarkt gefahren und mit einem großen Karton Glühbirnen zurückgekommen. Das war wieder politisch unkorrekt. Ich weiß.

Aber es war der letzte Glühbirnenkauf meines Lebens.

Das sage ich nicht, um mich ökomäßig anzuschleimen. Das sage ich, weil es so ist. Ich werde sterben, noch bevor dieser

Glühbirnenvorrat für meine Cloud verbraucht sein wird. Das lässt sich relativ einfach ausrechnen.

Es gibt nun mal Aspekte, unter denen mein Leben mittlerweile recht überschaubar ist. Aber das ist überhaupt kein Grund für mich, in Tränen auszubrechen. Das ist einfach eine klare und sachliche Angelegenheit. Es ist, wie es ist. Der Vorrat an Glühbirnen ist großzügig bemessen.

Heute Abend werde ich mich wieder über meine Lampe freuen. Über ihr warmes Licht. Und wie sie sich in allen Fenstern spiegelt, wenn es draußen ganz dunkel ist.

Wolken. Wolken am Nachthimmel. Ich liebe es.

Sie fragen sich vielleicht so langsam, warum quatscht mich der Typ stundenlang mit Geschichten über seine beknackte Esstischlampe voll. Was soll der Blödsinn?

Das kann ich Ihnen sagen.

Design. Licht. Glühbirnen. Das ist ein Beispiel für Themen, mit denen ich mich gern beschäftige. Für Themen, die mir etwas bedeuten. Die mir etwas geben.

Warum sollte ich da auch nur noch einen einzigen Gedanken an das Thema »dick« verschwenden?

Ich würde mich langweilen. Ganz furchtbar langweilen.

13
Dünne, zieht euch warm an

Ich habe ein paar Mal in Portugal Ferien gemacht. Mir gefällt das Land wirklich gut. Wenn man an der Algarve rechts abbiegt und in Richtung Norden fährt, erlebt man unglaublich schöne Landschaften. Meine Frau und ich haben vor vielen Jahren mit unseren Motorrädern eine wunderbare Reise durch Portugal gemacht. Die Algarve war uns zu sehr zugebaut mit Touristenbunkern, wir spielen auch nicht Golf, da sind wir dann lieber zickzackartig zwischen der portugiesisch-spanischen Grenze und der Atlantikküste hin und her langsam in Richtung Norden gefahren. Toll war das, ich habe noch viele Erinnerungen an herrliche Blumenwiesen, wilde Atlantikstrände, zerklüftete Bergregionen, freundliche Menschen und hammergute Rotweine.

Einmal war ich auch zum Drehen in Portugal. In einem historischen Film spielte ich einen spanischen König.

Das wundert Sie jetzt vielleicht, dass es Leute gibt, die mich einen spanischen König spielen lassen.

Ehrlich gesagt habe ich mich damals, als das Angebot kam, auch ein bisschen gewundert. Aber das passte schon. Ich habe Bilder gesehen. Ferdinand, so hieß der König, und ich hatten durchaus eine gewisse Ähnlichkeit.

Man ist halt immer sehr schnell, wenn es um Äußerlichkeiten geht.

Der? Einen spanischen König? Wie soll das denn gehen? Hat der einen plastischen Chirurgen als Maskenbildner?

Nee. Hab ich nicht. Es gibt eben spanische Könige, die ein bisschen so aussehen, als wären sie in Norddeutschland geboren. Und in Norddeutschland Geborene, die ein bisschen so aussehen wie der spanische König Ferdinand.

So einfach ist das. Die Welt ist bunt und voller Überraschungen. Schade, dass sich nicht alle darüber freuen können.

Der Film wurde damals in Guimaraes gedreht, einer Stadt im Norden Portugals. Eine historische Geschichte, die zur Zeit der Inquisition spielt. An viel mehr kann ich mich leider nicht erinnern. Na ja, Inquisition eben, die Dealereien zwischen Kirche und Königshäusern, Folterungen, Schlachten, das ganze Mittelalterprogramm eben.

Ich wurde nicht gefoltert. Daran würde ich mich bestimmt erinnern. Aber ein riesiges Feuer gab es, das weiß ich noch genau. Die Festung von Guimaraes, das berühmte Symbol für Portugals Unabhängigkeit, brannte.

Das Feuer war natürlich fingiert, man kann schließlich nicht nach Portugal fahren und historisch wichtige Gebäude abfackeln, nur weil man in seinem Film ein richtig geiles Feuer zeigen will. Da muss man eben tricksen.

Die Kamera stand vor der vorderen Seite der Festung, und zwischen Kamera und Festung wurde ein großer Haufen Lappen, die mit irgendetwas Brennbarem getränkt waren, verbrannt. Das gab schon mal super Flammen. Und hinter der Festung wurden riesige Berge alter Autoreifen angezündet. Die machten dann so schmierige, schwarze Schwaden, die über der Festung aufstiegen, mit züngelnden Flammen drin.

Sah echt gut aus. Und mit Umweltschutz und so hatte man damals ja noch nicht so viel am Hut.

Na ja, und vorne und hinten zusammen wirkte dann im Film wirklich so, als würde gerade die Festung abbrennen.

Ganz großes Kino. Für damalige Verhältnisse jedenfalls.

Die Dreharbeiten waren für mich Geschichte zum Anfassen. Wenn ich zusah, wie der Großinquisitor mit seinem Tross durch eine staubige Ebene zog, war ich schon beeindruckt. Genau so hat das damals ausgesehen, dachte ich, der Staub hat damals genau so geschmeckt, die Sonne hat damals genau so gebrannt, der durchgeschwitzte Leinenstoff hat damals genau so am Körper geklebt.

Damals, in Portugals großer Zeit.

Im sechzehnten Jahrhundert war Portugal eine Weltmacht. Kolonien in Brasilien, China, Indien und Afrika. Stärkste Seemacht, reichstes Land Europas.

Was für eine Blüte, was für eine Machtfülle.

Aber nicht lange. Im siebzehnten Jahrhundert begann der Abstieg. Portugal verlor Unabhängigkeit und Kolonien und schrumpfte zur spanischen Provinz.

Die großen Zeiten waren vorbei, die Kurve zeigte nach unten. Niedergang der Monarchie, mehr und mehr wirtschaftliche Probleme, schließlich Staatsbankrott.

Die Erfahrung des Niedergangs scheint die Gefühlswelt der Portugiesen noch heute zu prägen. Nur Portugiesen erleben Weltschmerz in der spezifischen Form, die sie »Saudade« nennen.

Dieses Wort stammt vom lateinischen »Solitudo«, also Einsamkeit, ab, was als Übersetzung aber völlig unzureichend ist.

Saudade kam bei einer Umfrage unter englischen Linguisten unter die ersten Zehn der unübersetzbaren Wörter der

Welt. Eine deutsche Jury wählte es zu einem der zehn schönsten Wörter der Welt.

Wir können Saudade mit Begriffen wie Melancholie, Traurigkeit, Sehnsucht oder Wehmut nur umkreisen. Das Gefühl erleben, das Saudade ausmacht, können wir nicht. Weil wir keine Portugiesen sind.

In Portugal ist man stolz auf Saudade. Ein Gedicht von Fernando Pessoa macht deutlich, warum das so ist.

Saudades – nur Portugiesen
können dieses Gefühl kennen.
Weil nur sie das Wort besitzen,
um es wirklich beim Namen zu nennen.

»Fado«, der gefühlvolle, traditionelle Musikstil, ist eine zweite emotionale Besonderheit der Portugiesen. Unglückliche Liebe wird besungen, Sehnsucht nach einer besseren Zukunft und immer wieder die Saudade.

Ich bewundere die Portugiesen für ihre Poesie, mit der sie dem Verlust Ihrer Größe nachfühlen und der Erinnerung daran, dass es einmal ganz anders war.

Dieser sensible Umgang mit der eigenen Geschichte imponiert mir. Auch der Stolz darauf, ein Wort zu haben, das niemand sonst hat, ist für mich etwas Außergewöhnliches.

Stolz wird in der Regel empfunden, weil man Autos baut, die angeblich die besten der Welt sind, weil man die schnellsten Flugzeuge, die größten Atom-U-Boote konstruiert. Oder weil man in dem Land lebt, das die größten Banken der Welt hat.

Aber ein Wort?

Wie kann ein Land stolz sein auf etwas, was sich nicht anfassen lässt, was sich – viel schlimmer noch – nicht verkaufen lässt?

Eine gute Frage, finde ich. Es würde sich bestimmt lohnen, darüber nachzudenken.

Wie bitte? Was sagen Sie? Das Römische Reich ist auch untergegangen, und es kräht kein Hahn mehr danach, und auf der Spanischen Treppe in Rom singt keine Sau von morgens bis abends melancholische Lieder über den furchtbaren Schmerz, keine Weltmacht mehr zu sein?

Stimmt. Sie müssen sich jetzt auch nicht aufregen. Ich widerspreche Ihnen nicht. Ich will auch nicht mit Ihnen darüber streiten, ob die Portugiesen recht haben oder die Italiener. Wirklich nicht. Ich finde, die machen das beide prima, wie sie mit ihrer Identität umgehen. Ich halte die Portugiesen nur für etwas poetischer, so etwas mag ich halt.

Es geht hier nicht um Leben und Tod. Ich habe nur ganz entspannt über etwas nachgedacht und zum Schluss eine rhetorische Frage gestellt. Ich will auch gar keine Antwort, jedenfalls nicht jetzt. Es war nur ein Spiel. Ein Spiel mit Gedanken. Na, kommen Sie, Sie wissen doch, wie das ist, man sieht ein Urlaubsfoto, und schon sprudeln die Gedanken los.

Es gibt viele interessante Gedanken, mit denen man spielen kann. Zum Beispiel die Frage, ob sich Geschichte wiederholt.

Die einen sagen ja, die anderen sagen nein. Was meinen Sie?

Ich glaube, Geschichte kann sich wiederholen, muss aber nicht. Mal wiederholt sich etwas, mal nicht. Ein paar Klassiker sind dabei, die tauchen immer wieder auf. Fremdenfeindlichkeit und Rassismus zum Beispiel. Gerade mal wieder schwer im Kommen. Könnte ich aber gut drauf verzichten. Oder Kriege, weil man sich wegen unterschiedlicher Religionen mächtig auf den Keks geht oder weil irgendetwas knapp wird, Land, Wasser, Öl.

Es braut sich mal wieder ganz schön was zusammen, fürchte ich.

Andere Sachen werden sich nicht wiederholen. Ich glaube zum Beispiel nicht, dass Portugal noch einmal zu einer Weltmacht wird. Und dass Franzosen und Deutsche die alte Erbfeind-Kiste noch mal auspacken und sich wieder einmal ein bisschen totschießen, glaube ich auch nicht.

Aber vielleicht liegen die Dicken ja demnächst mal wieder vorn. Das wäre doch eine interessante Wiederholung von Geschichte. Schließlich gab es Zeiten, da waren dicke Menschen führend in Anmutung, Ansehen und Macht. Ist noch gar nicht so lange her.

Auch so ein seltsamer Niedergang einer Dynastie. Plötzlich waren sie weg, die Dicken. Hatten nichts mehr zu melden.

Wo sind sie eigentlich?

Ja, ich weiß, dass sie da sind, ich weiß auch, dass es immer mehr werden und dass man nur mal kurz aus dem Fenster schauen muss, um sie zu sehen. Das meine ich aber nicht. Was man zu sehen bekommt, sind Körper, die bedrückt durch die Gegend schleichen, als hätten sie kein Recht, auf der Welt zu sein.

Was man nicht sieht, sind Persönlichkeiten, die selbstverständlich und selbstbewusst auftreten, weil sie sind, wie sie sind, und das auch sehr in Ordnung finden.

Schade. Ich mag Menschen, die selbstbewusst und selbstverständlich unterwegs sind. So sollte man leben, finde ich. Alles andere macht doch keinen Spaß.

Aber aus irgendwelchen Gründen haben die Dicken das nicht mehr drauf. Sie fühlen sich deplatziert und hässlich, weil sie permanent zu hören bekommen, dass sie deplatziert und hässlich sind.

Kein Protest. Kein Widerstand. Stattdessen Demut und Schuldgefühle.

Sauber. Das haben die Schlanken gut hingekriegt.

Es hätte ja gereicht, wenn sie gesagt hätten, also, Leute, jetzt sind wir mal dran, ab in die zweite Reihe, vorne an der Rampe tanzen jetzt wir. Das wäre sicher kein Problem gewesen.

Geschichte verläuft zyklisch, wie man weiß, dann sind halt mal die anderen dran für eine Weile. Die Dicken wären sozusagen in die Opposition gegangen.

Bestimmt hätten sie ein paar Mal geknurrt. Verständlich, wer räumt schon gern seinen Platz, aber sie hätten es getan und sich mit ihrer neuen Position arrangiert. Sie hätten fröhlich weiter gelebt und darauf gewartet, dass die Schlanken einen Fehler machen und wieder rausgekickt werden können aus der ersten Reihe. Das gute alte Wechselspiel der Kräfte gewissermaßen. Einer ist vorübergehend mehr angesagt als der andere, aber man respektiert sich und lässt sich in Ruhe. Absolut normal wäre das.

Aber nein. Anfeindungen ohne Ende, Psychoterror bis zum Abwinken. Wir sind stark, wir sind schön, wir sind vorn, schrien die Schlanken, als sie die Dicken von Platz eins verdrängten. Und wenn wir die Dicken richtig schön hässlich und depressiv machen, sind wir noch schöner und stärker.

Das Programm hat funktioniert, wie wir sehen. Ich würde wirklich gern wissen, wie die das hingekriegt haben.

Und nun? Warten, bis das Schlanksein die Schlanken so sehr langweilt, dass sie selbst etwas Neues wollen?

Sicher eine Möglichkeit. Aussitzen hat schon viele Leute vorangebracht.

Mir ist das zu passiv. Ich denke jetzt mal über ein Programm nach, das Dicken ihre Attraktivität zurückgeben könnte.

Also, spontan würde mir da Musik einfallen.

Musik ist ein gutes Mittel, um seinen Gefühlen Ausdruck zu verleihen. Die Dicken leiden darunter, dass sie ihre Würde verloren haben. Das passende Gefühl wäre also Trauer oder

Schmerz. Ungefähr so wie bei den Portugiesen, die ja auch Trauer und Schmerz empfinden, weil sie ihre Größe verloren haben.

Das kommt mir jetzt sehr ähnlich vor, Würde und Größe. Wenn man keine Würde hat, fühlt man sich doch klein, oder?

Man könnte also versuchen, eine dicke Variante des Fado zu entwickeln. Gefühlvoll und poetisch natürlich, nicht so humtatamäßig wie die Wildecker Herzbuben, aber vom Auftritt her schon ähnlich.

Genau. Wie wär's, wenn jemand – das ist jetzt vielleicht etwas hochgestochen, aber warum eigentlich nicht, es geht ja um was – wie wär's, wenn jemand Meat Loaf fragen würde, ob er Lust hätte, ein paar Balladen über das gemeine Schicksal der Dicken einzuspielen.

Ich sage Ihnen, das ist keine schlechte Idee. Der Herr Meat Loaf ist außerdem gleich zweimal vom Fach, er ist dick, und er ist Musiker.

Sting hat ja auch so was gemacht, also nichts für Dicke, aber eben eine völlig andere Musik als sonst, elisabethanische Lieder waren das. Richtig zur Laute und so. Ist wirklich gut. Das Album sollte man Meat Loaf vielleicht mal vorspielen.

Ach, ich denke schon, dass er zusagt. Das wäre doch auch für ihn gut, mal wieder in den deutschen Charts zu sein.

Das wäre er, und zwar ganz vorne, da bin ich mir sicher, das Album würde sich verkaufen wie geschnitten Brot.

»Double M & Double F« könnte es heißen, für »Meat Loaf Meets Fat Fado«. Oder richtig aggressiv »OFF – Only for Fatties«.

Hey, das gefällt mir.

Da müssen natürlich noch Profis ran, das sind jetzt nur ganz spontane Einfälle, Skizzen sozusagen. Aber merken Sie, was für Potential da drinsteckt? Wahnsinn.

Only for Fatties – das beschreibt ja nicht nur eine selbstbewusste Haltung, das dreht auch diese scheiß Ausgrenzung, mit der Dicke ständig zu tun haben, einfach mal um.

Machen Sie sich auf etwas gefasst, wenn Sie schlank sind.

Und die Texte müssen natürlich auch allererste fette Sahne sein. Da muss man gute Leute ransetzen. Vielleicht kann man das ja über ein Literaturfestival für Dicke anschieben. Und mit einem Preis für den besten Songtext. Der Preis könnte zum Beispiel »Der Fette Füller« heißen und in einer goldenen, silbernen und bronzenen Version verliehen werde. Mit so etwas ist man schnell in den Feuilletons. Und im Fernsehen. Das macht bekannt und schafft Aufmerksamkeit. Gut so für die dicke Sache.

Man müsste natürlich Sponsoren finden, um den Preis auch finanziell attraktiv machen zu können. Vielleicht rede ich mal mit Leuten aus der Zuckerindustrie, die verdienen recht ordentlich, glaube ich. In England jedenfalls hat die Familie Tate mit Zucker so viel Geld verdient, dass sie es sich leisten kann, riesige Kunstmuseen zu bauen und zu sponsern, zum Beispiel das Tate Modern in London, das kennen Sie bestimmt.

Da müsste es in Deutschland doch zumindest für einen Preis reichen.

Das würde alles über eine seriöse und künstlerisch wertvolle Schiene laufen. Bloß nicht so eine Superstar-Kacke, das hat man doch nach einer Stunde schon wieder vergessen.

Nein, bei meinem Programm muss sich Qualität aufbauen, die Bestand hat. An der kein Dünner vorbeikommt.

Saudade – genau! Das wäre auch noch ein Bringer. Also ein Wort, das voll die Emotionen rüberbringt. Aber nicht übersetzt werden kann. Und das es sonst nirgends auf der Welt gibt. Das nur den Dicken gehört. Exklusiv.

Wow. Großartige Idee. Danke, Portugal, du weißt, wo vorne ist.

Dieses Wort würde die Welt der Dicken total abdecken. Und jeder würde sofort wissen, worum es geht. Und sich furchtbar ärgern, wenn er dünn ist und deshalb nicht mitmachen kann in diesem erlesenen Zirkel.

Geniales Marketing. Nur ein Wort – und alles ist klar.

Da muss ein Spitzentexter ran. So etwas kann nicht leichtfertig in den Raum geworfen werde. Beliebigkeit war nie so fehl am Platz wie hier.

Schwierig. Das muss der ganz große Wurf werden. Schmerz muss da mitschwingen, Melancholie, Trauer und Sehnsucht. Wenn das nicht gelingt, können wir alles vergessen.

Das wird dauern.

Moment ... ich habe ... das gibt's doch nicht, mir schießt da gerade etwas durch den Kopf. Verdammt ... das könnte passen ... da ist alles drin, Schmerz und Melancholie und Trauer und Sehnsucht, alle vier Bestandteile, die gebraucht werden.

Das ist ja Wahnsinn, ich hab's!

Ganz ehrlich, ich habe keine Ahnung, wo das herkam, plötzlich habe ich es vor meinem inneren Auge gesehen.

Das Wort, das für die Dicken sein wird, was Saudade für die Portugiesen ist.

»Schmelsause«.

Da staunen Sie, nicht wahr, das hätten Sie nicht gedacht.

Einfach so. Von einer Sekunde auf die nächste war es da.

Und es ist so dicht am wunderschönen Klang von Saudade, es schmeichelt, glänzt und tröstet wie sein portugiesisches Pendant.

Schmelsause – Saudade – Saudade – Schmelsause ....

Sind sie nicht Geschwister, die beiden Wörter, sind sie nicht wie ein Stück Fado, zweistimmig gesungen mit klaren, stolzen Stimmen?

Schmelsause wird das Wort sein, das die Dicken ihrer Lethargie entreißt, sie zurückholt in ein Leben, das diesen Namen verdient hat.

Schmelsause wird die Dicken versöhnen mit dem Verlust ihrer Größe und sie begleiten auf dem Weg zu neuer Bedeutung.

Dies ist ein Moment von großer Feierlichkeit. Spüren Sie das nicht, gibt es nur eine Erklärung: Sie sind schlank.

Ich möchte diesen bewegenden Moment nutzen, ein Gedicht zu rezitieren. Ich widme es allen Dicken und dem großen portugiesischen Dichter Fernando Pessoa.

Bitte erheben Sie sich.

Schmelsause – nur Dicke
können dieses Gefühl kennen.
Weil nur sie das Wort besitzen,
um es wirklich beim Namen zu nennen.

Nehmen Sie bitte Platz.

Unsere Zeit ist gekommen, Dicke, vorbei sind Schmach und Scham, Demütigung und Verzweiflung. Vom heutigen Tage an ist er wieder unser, der aufrechte Gang.

Die Feierstunde ist beendet.

Aber das war noch nicht alles. Bitte bleiben Sie sitzen.

Sie sollen sitzen bleiben, verdammt noch mal. Merken Sie sich – ein neues Zeitalter hat soeben begonnen. Das Diktat der Dünnen hat ein jähes Ende genommen.

Musik, Gedichte, so etwas muss es geben in einem zivilisierten Land. Ganz klar. Aber das haben wir ja jetzt geklärt.

Es geht um mehr.

Mir ist es gerade wie Schuppen von den Augen gefallen. Warum nur haben wir es nicht gewusst?

Warum nur haben wir uns versteckt?

Warum nur haben wir uns nicht zusammengetan?

Wir sind so viele. Millionen über Millionen.

Fünfundsiebzig Prozent der deutschen Männer empfinden sich als zu dick. Neunundfünfzig Prozent der deutschen Frauen empfinden sich als zu dick. Der Anteil der Bevölkerung, der abnehmen will, liegt bei vierzig Prozent.

Dreißig Millionen, vielleicht sogar mehr. Das sind wir!

Über dreißig Millionen Menschen in Deutschland sind dick – was für eine gigantische Armee. In den Staub getreten von den Rittern der Schlankheit, den Kriegern der schmalen Taille, den Söldnern der Fitness.

Erheben wir uns, wir schlafenden Riesen. Holen wir uns endlich, was uns schon lange zusteht.

Der erste Schritt wird die Gründung einer Partei sein.

Ich weiß auch schon ihren Namen: *Die Dicken. Für eine runde Demokratie.*

Als Logo für Parteinamen hat sich eine Abkürzung aus drei Buchstaben bewährt. Da sollten wir keine Ausnahme machen.

DFD scheint mir ein gutes Logo zu sein. Ob es für »Dickenpartei für Demokratie« oder »Demokratische Partei für dicke Menschen« steht, werden wir auf der ersten Vorstandssitzung entscheiden.

DFD wird schon bald in einem Atemzug mit SPD, CDU und FDP genannt werden. Es wird für eine echte Volkspartei stehen.

Dünne! Mit der tausendfach kolportierten, heuchlerisch als Warnung verbrämten Schlagzeile »Wir sind ein Volk von Dicken« habt ihr euch euer eigenes Menetekel an die Wand geschrieben. Ja. Wir sind ein Volk von Dicken. Und wir haben bald, sehr bald unsere eigene Partei.

Abstruse Idee? Größenwahn?

Ich verstehe ja, dass Ihnen unwohl wird. So würde es mir jetzt auch gehen, wenn ich schlank wäre.

Nein, das ist kein Größenwahn. Das ist demokratisches Verhalten. Schauen Sie mal ins Grundgesetz.

In Artikel einundzwanzig, Absatz eins heißt es dort:

>>*Die Parteien wirken an der politischen Bildung des Volkes mit. Ihre Gründung ist frei. Ihre innere Grundordnung muss demokratischen Grundsätzen entsprechen. Sie müssen über Herkunft und Verwendung ihrer Mittel sowie über ihr Vermögen öffentlich Rechenschaft geben.*<<

Na also, alles im grünen Bereich, würde ich doch sagen. Oder haben Sie noch Zweifel? Kein Problem. Ich möchte Sie nicht überrumpeln. Ich möchte Ihnen nur die Augen öffnen für die Ernsthaftigkeit unseres Unterfangens.

Wenn Sie gestatten, reiche ich Ihnen die Definition von >>Partei<< gemäß Paragraph zwei, Absatz eins des deutschen Parteiengesetzes (PartG) nach:

>>*Parteien sind Vereinigungen von Bürgern, die dauernd, oder für längere Zeit für den Bereich des Bundes oder eines Landes auf die politische Willensbildung Einfluss nehmen und an der Vertretung des Volkes im Deutschen Bundestag oder einem Landtag mitwirken wollen, wenn sie nach dem Gesamtbild der tatsächlichen Verhältnisse, insbesondere nach Umfang und Festigkeit ihrer Organisation, nach der Zahl ihrer Mitglieder und nach ihrem Hervortreten in der Öffentlichkeit eine ausreichende Gewähr für die Ernsthaftigkeit dieser Zielsetzung bieten. Mitglieder einer Partei können nur natürliche Personen sein.*<<

Tja, da staunen Sie. Genau so wird es sein. Die DFD wird an der politischen Bildung des Volkes teilnehmen. Freuen Sie sich drauf.

Sie werden eine zutiefst demokratische Partei erleben, die die Ernsthaftigkeit ihrer Zielsetzung im Deutschen Bundestag demonstrieren wird. Versprochen.

Und machen Sie sich bitte keine Hoffnung, es kämen nicht genug Mitglieder zusammen, um diese Partei überhaupt gründen zu können. Vergessen Sie es. Ganz schnell.

Als Zielgruppe sind wir dreißig Millionen. Auch bei aller nur vorstellbaren Trägheit wird die laut Parteiengesetz für die Gründung einer Partei notwendige politische Vereinigung mit Leichtigkeit genügend Mitglieder finden.

Ganz sicher erheblich mehr als die fünfundfünfzig Personen, die ein Gericht als nicht ausreichend bewertet hat. Aber auch die vierhundert Personen, die laut Urteil des Bundesverfassungsgerichts noch als Partei anzuerkennen sind, schaffen wir an einem Vormittag.

Vierhundert, ich bitte Sie! Wir geben uns nicht mit Peanuts ab. Wir reden hier über Hunderttausende, über Millionen, die nur darauf warten, in die DFD einzutreten. Auch wenn sie noch nichts wissen von dieser Partei. Im Gegensatz zu Ihnen.

Und? Haben Sie noch Zweifel?

Na also.

Zum absoluten Hammer wird die Nummer übrigens, wenn wir dann noch mit der Autofahrerpartei koalieren. Auch die müsste noch gegründet werden, aber da sehe ich ebenfalls kein Problem. Das Potential total Unzufriedener ist auch in dieser Bevölkerungsgruppe unübersehbar. Synergie vom Feinsten.

Dicke Autos für dicke Bürger!

Mit so einem Slogan würden wir bei der nächsten Bundestagswahl achtzig, neunzig Prozent einfahren. Wetten?

Das Gedrängel bei der Opposition wird zu unschönen Szenen führen, wer verzichtet schon gern auf Dienstwagen, mehrere Sekretärinnen und Unkostenpauschale. Nicht schön, aber für alle reicht's nun mal nicht. Als aufrechte Demokraten werden die das aber alle akzeptieren. Politiker sind schließlich kultivierte Menschen.

Doch, doch, jetzt knurren Sie mal nicht so.

Denken Sie lieber darüber nach, was man mit dem vielen schönen Geld anfangen könnte. Das wird schon das eine oder andere Milliönchen sein.

Ach kommen Sie. Jetzt tun Sie mal nicht so scheinheilig.

Parteienfinanzierung! Genau.

Sobald wir an Wahlen teilnehmen, rollt der Rubel. Aber hallo.

Siebzig Cent für jede für die jeweilige Liste abgegebene gültige Stimme, besser bekannt als Zweitstimme. Aber nur für die ersten vier Millionen. Für jede Stimme darüber – jetzt wird es für uns interessant – gibt es sogar fünfundachtzig Cent.

Das macht Spaß. Weil wir dreißig Millionen sind.

Und dann kommen noch die Mitgliedsbeiträge und Spenden dazu. Und auf jeden Euro Spende – bis dreitausenddreihundert Euro pro Person – kommen noch mal achtunddreißig Cent Staatsknete oben drauf. Ein phantastisches System. Finden Sie nicht auch?

Da macht Dicksein so richtig Spaß. Ich glaube, wir müssen uns keine Sorgen mehr machen.

Endlich sieht unsere Zukunft wieder einmal so aus, wie ein kleines dickes Schweinchen: rosig.

Ich rede von *unserer* Zukunft, wohlgemerkt. Für Sie würde ich im Moment nur ungern eine Prognose abgeben. Ich mag nicht mehr über Krisen reden.

Aber einen guten Rat hätte ich für Sie. Und bitte glauben Sie mir – er kommt von Herzen.

Dünne, zieht euch warm an!

14
No Limit – dick im Internet

Ich bin stinksauer. Auf mich. Ich habe neulich im *Tagesspiegel* ein Interview mit einer jungen italienischen Philosophin gelesen. Sie vertritt die Ansicht, dass die Menschen sich zunehmend nur noch oberflächlich mit Problemen und Fragestellungen auseinandersetzen.

Diese Entwicklung werde unter anderem dadurch unterstützt, dass Geräte immer einfacher zu bedienen seien. Als Beispiel nannte sie Computer. Wir müssten uns keinen Kopf mehr machen, wenn wir unsere Rechner anschmeißen. Die Nutzung sei mittlerweile ausschließlich über die Oberfläche möglich, man müsse nicht mehr wie früher irgendwelche Steuerungsbefehle eingeben und zumindest ein bisschen Ahnung davon haben, wie das Betriebsprogramm aufgebaut ist. Apple Computer wurden als besonders typisch für diese Entwicklung genannt, weil sie besonders einfach und intuitiv zu bedienen seien.

Stimmt, dachte ich beim Lesen, ich habe keinen blassen Schimmer, wie das Betriebssystem meines Mac funktioniert. Ich will aber auch keinen blassen Schimmer davon haben. Die Kiste soll problemlos laufen, beim Autofahren mache ich mir ja auch keine Gedanken über das Kennfeld der elektronischen

Zündung oder die variable Benzineinspritzung und was weiß ich, was es da so alles gibt. Schlüssel rein und ab geht die Luzie ist angesagt, wozu leben wir schließlich im einundzwanzigsten Jahrhundert?

Ich glaube aber, dass die Philosophin recht hat. Irgendwie hat sie erkannt und gut erklärt, wie sich die Welt verändert, also sozial und menschlich, was für eine Verblödung da abläuft durch Simplifizierung. Ich weiß nicht mehr, ob sie das genau so gesagt hat, aber ich habe das so in Erinnerung.

Wahrscheinlich war das jetzt eine sehr simplifizierte Wiedergabe der brillanten Gedanken dieser Philosophin, aber ich habe die Zeitung nicht mehr gefunden.

Darum habe ich mich ja auch so geärgert, ich wollte das Interview noch mal lesen, weil der Gedanke der Vereinfachung ziemlich gut zu diesem Kapitel passen würde. Na ja, und weil die Zeitung weg war, habe ich bei Google und Wikipedia gesucht. Nix. Ich habe nichts gefunden, obwohl ich eine Stunde lang Suchbegriffe eingegeben und dann auch noch im Internetarchiv des *Tagesspiegel* rumgekramt habe.

Ich denke, ich habe allen Grund, stinksauer auf mich zu sein. Auch, weil durchaus die Chance besteht, dass das gar kein *Tagesspiegel*-Interview mit einer jungen italienischen Philosophin war, sondern die Besprechung der gerade erschienenen Biographie einer berühmten amerikanischen Kinderpsychologin in der *Zeit* oder das Portrait einer steinalten bulgarischen Linguistin in der *FAZ*.

Ich bin so. Ich lese etwas, und dann bringe ich es ganz schnell mit anderen gelesenen oder gehörten Informationen durcheinander. Das ist wahrscheinlich so, weil ich Mac-User bin, wenn die Frau, um die es mir geht, recht hat.

Shit happens. Es bringt nichts, wenn ich mich jetzt weiter über mich aufrege, ich mache einfach mal ohne Zitate weiter.

Schade, das hätte sicher was hergemacht, aber weg ist nun mal weg.

Ich fange jetzt einfach an, okay? Also: Das international erfolgreich arbeitende Model Karolina Kurkova hatte unlängst reichlich Ärger. (Die Kategorie »Topmodel« wäre bei Frau Kurkova sicher angebracht, in mir sträubt sich aber etwas, sie so zu nennen. Ich bin da offensichtlich etwas Heidi-Klum-Next-Top-Model-Deutschland-sucht-den-Superstar-geschädigt, die inflationäre Verwendung von Begriffen wie »Top« und »Star« geht mir mächtig auf den Keks.)

Frau Kurkova war nach einem Auftritt bei einer Modenschau in Brasilien vehement von Kritikern beschimpft worden. Sie sei zu dick, lautete der Vorwurf.

Skandal, Skandal, die bei den Boulevardmedien hoch willkommene Meldung ging um die Welt und löste eine leidenschaftlich geführte Diskussion aus.

Ein kleines Foto bewegte Hunderttausende, aufgeregt in die Tasten zu hauen und sich in unzähligen Internet-Foren als Sachverständige in Sachen körperlicher Attraktivität zu gerieren. Ein großartiges Schauspiel wichtigtuerischer Beliebigkeit.

Ich erinnere mich an ein Paparazzofoto des alten, sehr dicken Marlon Brando, mit dem vor etwa zehn, zwölf Jahren in allen nur denkbaren Medien Geld verdient wurde. Die ehemalige Ikone männlicher, testosteronstrotzender Attraktivität, für Jahrzehnte »sexiest man alive«, lange bevor diese Kategorie überhaupt ausgelobt wurde, war am Ende. Hundertsiebzig Kilo schwer und gezeichnet von persönlichen Schicksalsschlägen, erinnerte er an einen gestrandeten Wal.

Nicht Häme war die Reaktion, sondern Mitleid. Marlon Brando war unfassbar dick geworden, aber niemand warf ihm das vor. Diskutiert wurde sein Schicksal, nicht sein Dicksein.

Rückblickend bewerte ich das als Fähigkeit zu Distanz, differenzierter Wahrnehmung und Empathie.

Früher war eben alles besser.

Natürlich stimmt das nicht. Außerdem ist Frau Kurkova weder Schauspielerin, noch ist ihre Bedeutung als Person der Zeitgeschichte mit der Bedeutung eines Marlon Brando vergleichbar. Und am Ende ihrer Karriere ist sie auch noch nicht. Trotzdem zeigt dieser Vergleich, wie sich der Umgang mit dem Thema »Dicksein« geändert hat. Die Wichtigkeit hat in einem Maße zugenommen, das man lächerlich nennen kann, absurd, aber auch bedenklich. Bedenklich, weil die Diskussion ausschließlich an der Oberfläche geführt wird.

Das Zeitungsfoto eines Models mit dem Zusatz, Kritiker hätten sie als zu dick bezeichnet, wird erblickt, innerhalb einer Millisekunde läutet die pawlowsche Glocke, und der Geifer beginnt zu fließen. Moment mal bitte, zu diesem Thema habe ich etwas Wesentliches beizutragen, nämlich *meine* Meinung. Diese Meinung wird dann online verkündet, andere Forenbesucher verkünden auch ihre Meinung, es wird bestätigt oder widersprochen, gelobt und beschimpft, aber es geht ausschließlich um subjektive Meinungen. Es wird nicht miteinander geredet, man kläfft sich an.

Das Thema ist wie ein Baum, an den alle Hunde pissen, die zufällig vorbeikommen. Kurz geschnuppert, Bein hoch, schnell was von sich geben, weiter geht's.

Ein paar Zeitungsseiten später dann der nächste Baum, an den wieder alle pissen, wenn sie Lust haben.

Zeitgemäße Gesprächskultur. Die Oberfläche bietet genug Substanz, was soll da noch gegraben werden?

Ja. So ist das wohl.

Wie man damit umgehen soll? Weiß ich doch nicht. Den Untergang des Abendlandes haben andere ausgiebig beschworen, da hänge ich mich nicht dran. Ich mache generell nicht in Kulturpessimismus. Irgendwie geht es eben immer weiter, und manchmal finde ich gut, was so passiert, und manchmal eben nicht, und manchmal ist es mir schnurzpiepegal.

Die Diskussion um die körperliche Dimension von Frau Kurkova finde ich nicht gut und nicht schlimm, ich finde sie in ihrer Absurdität lustig. Ja, ich habe mich amüsiert beim Lesen. Mögen Sie auch einen Blick werfen auf die angeregte Diskussion im Internet? Gern.

Ich stelle Ihnen mal ein bisschen was zusammen. Als Appetizer sozusagen.

Sie können dann ja selber weitermachen. Im Internet. Es lohnt sich.

»Die Frau sieht toll aus! Für uns Männer sind solche Frauen ein Segen! Das sollten die Modeschöpfer endlich kapieren!«

»Also ich finde sie viel zu fett. Die hat bestimmt zehn Kilo zu viel. Bei mir hätte die Schnecke null Chance!«

»Dieser Hungerhaken soll zu dick sein? Bis zu fünf Kilo mehr würden ihr auch nicht schaden.«

»Es ist traurig, aber wahr, unsere Gesellschaft verkommt total. Es war für Männer und Frauen schon immer eine angenehme Sache, eine Frau mit gewissen Rundungen anzuschauen. Wieso müssen Medien und Manager immer alles in den Dreck ziehen!«

»Also ich finde sie echt perfekt. An einer Frau muss schon ein bissel was dran sein, dann macht der Sex auch gleich viel mehr Spaß.«

»Wir reden hier nicht über eine Busfahrerin. Wir reden hier über ein Model. Und für ein Model ist sie nun mal zu fett. Alles klar?«

»Sie ist vollkommen und richtig super! Ein Vorzeigebeispiel für alle Hungerhaken, die auf dem Laufsteg zeigen, was keiner mehr sehen will! Die Modeindustrie muss endlich aufwachen und diesen hässlichen Skelettwahn ausmerzen!«

»Niemand will auf dem Laufsteg Leute von nebenan sehen, die auch noch einen Hängehintern und Cellulite haben. Die Gute sollte Sport treiben oder am besten den Beruf wechseln!«

»Cellulite kann ich auf dem Foto nicht erkennen. Und wenn schon, das ist auch kein Weltuntergang.«

»Endlich einmal keine abgemagerte Hungerharke mit durchgedrückten Rippen und rausstehenden Beckenknochen und womöglich noch mit stahlharten DD-Gummimöpsen und aufgespritzten Lippen, wo man als normaler Mann keine Lust kriegt, sondern Ekel.«

»Seid ihr denn alle bescheuert? Es geht hier nicht um dick oder dünn. Die Gute hat nun mal Speckröllchen und einen labbrigen Hintern. Das ist indiskutabel, wenn man als Model arbeiten und Geld verdienen will. Das macht man dann schließlich mit seinem Körper, der hat also topfit zu sein!«

»Wo hat die denn Speckröllchen? Das sind Falten, die durch Posen entstehen. Seid ihr denn alle blind? Die Frau sieht klasse aus, und ein bisschen Hintern und Oberweite gehören zu einer richtigen Frau nun mal dazu! Oder warum lassen sich so viele Frauen für unheimlich viel Kohle an den richtigen Stellen ›unterfüttern‹? Etwa weil sie hässlich sein wollen? Denkt doch mal nach, ihr Hirnis!«

»So etwas Topmodel zu nennen ist eine Frechheit. Die will Millionen verdienen, da kann man doch wohl erwarten, dass sie eine Spitzenfigur hat! Mit ihrem faltigen Hängearsch kann sie aber höchstens bei den alten Gurken von der Dove-Werbung mitmachen!«

»Also wer dieses Model zu dick findet, braucht einen Blindenhund! Wenn man die Rippen zählen kann, ist eine Frau zu dünn, aber bestimmt nicht zu dick!«

»Welche Rippen?«

»Die Models sind deshalb so dünn, weil die Modemacher alle schwul sind. Die mögen lieber knabenhafte Figuren.«

»Mein Gott, sie ist eindeutig zu fett. Nicht zu dick, zu fett! Die müsste mal richtig trenieren, sonst wird das nie was.«

»Trainieren schreibt man nicht trenieren, sondern trainieren.«

»Na ja, sie hat schon ein paar Kilo zu viel, das kann man ja nun wirklich nicht übersehen. Bei einem Model sollte nichts hängen oder schlabbern, aber das ist hier der Fall.

Dass einige hier die Frau trotzdem toll finden, liegt wahrscheinlich daran, dass sie noch keine Granate hatten als Freundin oder dass sie eben auf Speckigere stehen. Jedem das Seine, aber für mich haben Kurven nichts mit Speck zu tun, sondern mit der natürlichen Linie einer Frau, die durch das Verhältnis *von Taille und Hüfte entsteht und natürlich auch Brüste. Für mich haben Kurven nichts mit künstlich angefressenen Speck-rollen zu tun.«*

»Was ist das denn für ein Kasper? Der hat ja überhaupt keine Ahnung.«

»Wahrscheinlich wiegt er selber vier Zentner.«

»In einen Bikini gehört Figur. Also Brüste und Hintern und Schenkel. Mein Fazit: nicht zu dick, sondern kranke Kritiker, die mit einer richtigen Frau mit sexy Rundungen nicht viel anfangen können!«

»Ein wirklich schönes Sommerkleid sieht an einem Brett mit Linsen nie gut aus!«

»Bravo! Dem Kommentar ist nichts hinzuzufügen!«

Genau. Dem ist nichts hinzuzufügen. Jetzt wissen wir Bescheid. Frau Kurkova ist genau richtig beziehungsweise zu dick respektive fett.

Das nennt man Präzision.

Aber ist es nicht wunderbar, wie das Problem von Frau Kurkova zur eigenen Sache gemacht wird? Die Leidenschaft, mit der hier Stellung bezogen wird, ist beispielhaft. Engagierte Bürger treten für ihre Meinung ein. Vielleicht etwas übertrieben angesichts des Anlasses, aber wir wollen nicht kleinlich sein. Vox populi zelebriert das pralle Leben, wo auch immer sich Gelegenheit bietet. Und Gelegenheit bietet das Internet genug. Als das Thema Karolina Kurkova endlich abgehandelt war, wurde sorgfältig nachgearbeitet.

Nach der konkreten Person kam die generalisierte Fassung. Geradezu provokant wurde die erschütternde Frage »Mollig als Schönheitsideal?« ins Netz gestellt. Wohl aus der Befürchtung heraus, die Besucher des Forums könnten aus atemloser Geschocktheit nicht so recht den Einstieg in ihre Antwort finden, wurde noch rasch der Bereich abgesteckt, in dem man sich zu tummeln hatte. Eine Reihe von Fotos zeigte ein paar schlanke und ein paar dicke Menschen beiderlei Geschlechts – das Mittelfeld glänzte durch Abwesenheit. Gewissermaßen als Gebrauchsanweisung war dann noch unter den Fotos die Textzeile »Was empfinden Sie als schön – rank und schlank oder kurvenreich und mollig?« zu lesen.

Eine Frage, die gern und ausführlich beantwortet wurde:

»Schlank ist auf jeden Fall besser. Normal ist okay. Etwas rundlich geht grad noch. Die gezeigten Damen befinden sich im Rahmen des gerade noch Erlaubten.«

»Es ist eben immer eine Frage des Geschmacks: Ich kenne Frauen, die stehen auf Manfred Krug oder den Hunold, andere eben auf Daniel Craig oder Tom Cruise. Vor zehn Jahren war ich begeistert von 35-kg-Knochenbeuteln à la Allegra Versace – nach dem ›haptischen Schock‹ steh ich heute eher auf straff-dralle Polster-Ponys.«

»Hallo, ich als Mann sehe das so. Es hängt ganz von den Proportionen und nicht direkt von den Kilos ab (bis zu einer gewissen Grenze). Wenn eine Frau hübsch ist, aber etwas mehr Brust, Po und Oberschenkel hat, finde ich das immer noch sehr schön. Wie sagt man so schön: die Birnenform eben.

Was ich aber gar nicht mag, wenn der Bauch größer als die Brust wird. Wenn dann noch Faktoren wie Damenbart, sehr kurze Haare, Rauchen bis hin zum Fußballspielen dazukommen, finde ich das überhaupt nicht mehr weiblich, aber gehört ja nicht direkt zum Thema, wo gerade diskutiert wird, trotzdem muss das ja mal gesagt werden.«

»Also ich stehe eigentlich auf rank und schlank. Was mir definitiv nicht gefällt, hat aber nichts mit der Optik zu tun. Wenn eine Frau ihr Figurbewusstsein übertreibt, egal in welcher Richtung, gefällt mir das nicht. Solche Frauen sind meist gereizt, reagieren unlogisch auf das Thema (man kann mit ihnen einfach nicht über dieses Thema reden) und liegen ständig auf der Lauer, wie man auf sie reagiert. Das nervt!

So gesehen ist mir dann doch eine Frau mit ›etwas mehr‹ tausendmal lieber als eine, die jeden Tag ein Kompliment für noch mal hundert Gramm Gewichtsabnahme hören möchte.«

»Rank und schlank natürlich. Ich meine, das hat ja auch was mit Bewegung und so zu tun. Wenn so ein hundert Kilo Fass auf dir rumturnt, bleibt dir ja die Luft weg. Außerdem sieht schlank viel geiler aus.«

»Ich kann wirklich nur den Kopf schütteln. Und zwar über solche Frauen, die richtig fett sind und dann trotzdem in so Fernsehshows nach Ami-Muster gehen und nur einen String-Tanga anhaben. Und dann springen die da wabbelich rum und schreien ins Publikum: ›Ihr Männer wollt doch alle nur mich, gebt es doch zu, ihr seid nur zu feige, es zuzugeben.‹ Das finde ich ganz widerlich, und mit wahrem Selbstbewusstsein hat das überhaupt nichts zu tun, finde ich.«

»Ich kann die Damen nicht verstehen, die immer nur aufs Äußerliche gehen. Solange man gepflegt ist und sich nicht gehenlässt *(das gilt genauso für Männer wie für Frauen), dazu sich selbst mag, ist doch ein großer Teil des Lebens wieder schön. Nach vierzig Jahren Ehe verändert man sich körperlich zwar ein bisschen, aber ich liebe meine Frau als Mensch und Wesen und nicht nach Kilogramm.«*

»Ein überaus vernünftiger Beitrag, der von charakterlicher Reife zeugt.«

»Manche stehen eben mehr auf Paris Hilton oder kleine zarte Mädchen. Die haben einfach keinen Bock auf diese fetten Brummer und Speckwalzen. Das ist eine Frage der Ästhetik.«

»Ideal ist, was gefällt. Eine Frau mit 100 kg hat auch ihre Reize. Das weiß ich.«

»Schlank sieht einfach besser aus und macht mehr Spaß. So ein Riesenteil liegt doch immer nur auf dem Rücken und lässt sich bedienen. Nee danke.«

»Ich brauche ein paar Rundungen, wo man sich festhalten kann.«

»Warum orientiert man sich nicht am gesunden und attraktiven Mittelmaß von Größe 36–40?«

»36? Ach du liebe Zeit. Die wirft ja noch nicht mal einen Schatten! 40 geht gerade noch. Ab da fängt der Spaß aber erst an.«

Auch in diesem Forum wird für Klarheit gesorgt. Schlank ist super, mollig auch. Jetzt wissen wir endlich, was angesagt ist. Wir begreifen aber auch, dass es Veränderungen in der Wunschvorstellung eines idealen Körpers geben kann.

»Vom Knochenbeutel zum straff-drallen Polster-Pony« – aus diesen Zeilen spricht Wandlungsfähigkeit auf dem Weg zur Erleuchtung. Bravo – wären wir doch nur alle geistig so flexibel.

Das Internet stellt aber nicht nur Fragen und hört wie ein guter Freund geduldig zu, wenn wir uns etwas Wichtiges von der Seele reden beziehungsweise schreiben müssen. Nein, es gibt uns auch wertvolle Ratschläge, wenn wir nicht weiterwissen:

»*SCHLANK SCHUMMELN MIT MODISCHEN HELFERN!*

Accessoires mit Bauch-weg-Garantie sind zum Beispiel lange Ketten und Tücher. Sie lenken den Blick vom Bauch ab und strecken den Oberkörper optisch. Auch Gürtel zaubern nahezu Modelmaße in die Leibesmitte. Vorausgesetzt, sie sind breit und sitzen schön eng in der Taille. Beonders effektiv: Ein hübsches Samtband direkt unter der Brust zu einer Schleife gebunden, lässt den Oberkörper schmal wirken.«

»*MIT TASCHEN VOM RUNDEN PO ABLENKEN!*

Wer sich über sein stattliches Popöchen ärgert, kann mit dem richtigen Zubehör perfekte Po-Proportionen zaubern. Kleine Taschen mit einem langen Querriemen schräg umhängen, so dass die Tasche seitlich am Po sitzt. Das lenkt von überflüssigen Pfunden ab. Die Alternative ist der Angriff von vorn: Nähen Sie an Ihre Hosen hübsche Strassstein-Applikationen (gibt es in der Nähabteilung). Die funkelnden Steine sind ein Highlight, das ungewollte Rundungen einfach wegfunkelt!«

Ja, das Netz meint es gut mit uns Dicken. Tatkräftig unterstützt es uns auch, wenn wir endlich begreifen, worum es geht im Leben dicker Männer: um Bauchmuskeln.

»Lernen Sie, wie ein 19-jähriger Schüler, ein 38-jähriger über-gewichtiger Geschäftsmann und ein 62 Jahre alter Großvater die einmalige Methode entdeckt haben, um ENDLICH das hässliche Bauchfett zu eliminieren und sich einen 6 Pack Waschbrettbauch anzutrainieren.

… und seit sie die einmaligen Diät Strategien und geheimen Übungen anwenden, haben sie keine Hemmungen mehr, sich ohne Shirt am Strand zu zeigen und müssen keine übergro-ßen Shirts mehr anziehen, um ihren früheren Fettbauch zu ver-stecken …

Und nicht nur da, sie haben auch bemerkt, dass Frauen ihnen Komplimente machen und heimliche Blicke auf ihren stahlhar-ten Waschbrettbauch werfen.«

Ich überlege noch. Siebenundvierzig Euro soll dieses Buch mit dem Bauchmuskelprogramm kosten – das ist nicht wenig. An-dererseits … ich würde das schon gern erleben, die heimlichen Blicke der Frauen, das hat schon was … Machen wir es doch so: Ich kaufe das Buch und trainiere mir diese sechs Dinger an und beobachte die Frauen, ob sie heimlich gucken. Und dann schreibe ich ein Buch darüber, wie das so war. Und das kaufen Sie dann. Das ist doch ein fairer Deal. Okay?

Gut. Macht Spaß mit Ihnen.

Und weil wir gerade über Lesen reden, da hätte ich noch eine Empfehlung für Sie. Das Internet ist nicht nur für Dicke da, oh nein, das Internet kümmert sich auch um Dünne, die sich für Dicke interessieren. Also erotisch und so. Nein, keine Partnerbörse oder Dating-Plattform oder etwas in der Art, das gibt's natürlich auch, reichlich sogar. Und es gibt genauso reichlich Erfahrungsberichte von Dünnen, die mit Dicken ge-schlafen haben, und von Dicken, die mit Dünnen geschlafen haben, da kann man sich bilden ohne Ende.

Aber das wäre mir zu profan, ich denke da schon mehr in Richtung Kultur, Literatur und so, da gibt es auch einiges. Und wenn Sie Charlotte Roche schon gelesen haben und *Angst vorm Fliegen* und das ganze Zeug, dann haben Sie ja vielleicht mal Lust auf was richtig Gutes.

Wenn das so ist, kann ich Ihnen »Sexgeschichten.com« empfehlen. Ich hab mir das mal angeschaut für Sie. Super aufgemacht, da ist wirklich für jeden etwas dabei. Die Kategorien sind alphabetisch geordnet: Amateur Sex, Analsex, behaarte Frauen, Bondage, Dick, Fett, Mollig (!), Domina, Fußerotik, Gruppensex, Hausfrauen, Kliniksex, Latex, Natursekt, Nylon, Omasex, Sadomaso, Schwanger, Sexkontakte bis Teensex.

Wahnsinn, oder? Hundertschaften müssen da schriftstellerisch tätig sein, mich hat das wirklich umgehauen.

Bei den Topsexgeschichten – das ist wohl so etwas wie die *Spiegel*-Bestsellerliste – war allerdings nichts Dickes dabei. Dafür imposante Nutzerzahlen. »Schwägerins Nothilfe – Sex mit der Schwägerin« wurde 185 660-mal angeklickt, »Die fidele Schneiderin – Seitensprung Sex« immerhin noch 58 141-mal.

Fündig wurde ich bei »Kostenlose Erotik Sex Geschichten. Kategorie: dicke Frauen.«

Ich kann Ihnen sagen. Ich fand diese Geschichten so erotisch, dass ich tagelang nicht mehr zum Schreiben gekommen bin. Das werden Sie verstehen, wenn Sie die folgenden Beispiele gelesen haben.

»*Ich beschloss, zu meinem Lieblingsitaliener zu gehen, um dort eine leckere Frutti-di-Mare-Pizza zu essen.*

Zwei Tische weiter fiel mir eine junge Frau auf. Verstohlen beobachtete ich ihren wuchtigen Körper, denn sie war furchtbar dick. Ihre unglaublich dicken Brüste blitzten aus ihrer Bluse halb hervor, ihre dicken Schenkel hatte sie in eine enge Jeans gepresst.«

»Zielstrebig führte mich Karina in ihr Schlafzimmer. Aufreizend langsam öffnete sie ihre Bluse. Sie hatte keinen BH an, und ich konnte ihre Riesenmöpse sehen, die auf ihren dicken Bauch hingen.«

»Zwei Zigaretten später vernaschte ich diese geile, fette Stute noch einmal.«

Ich steige hier mal aus. Sie sollten diese hochwertige Literatur nicht bruchstückhaft zwischen Tür und Angel kennenlernen. Gönnen Sie sich Muße. Lassen Sie sich von einer Qualität überraschen, die Sie seit Jerry Cotton nicht mehr erlebt haben.

Sie wissen ja jetzt, wo Sie diese großartigen Geschichten finden.

Das Internet.

Dickes für Dicke und Dünne. Vierundzwanzig Stunden am Tag. Dreihundertfünfundsechzig Tage im Jahr.

Alles, was Ihr Herz begehrt.

No limit.

Versprochen.

15
Zu guter Letzt eine kurze Geschichte: Das Wunder von New York

Internet gab es damals noch nicht. Auch Fax und Handy waren noch nicht erfunden. Die Worte »Flachbildschirm«, »MP3-Player« und »Laptop« hatte noch niemand ausgesprochen, weil es sie noch nicht gab.

Als Demonstration gewaltigen und unaufhaltsamen technologischen Fortschritts sah man gelegentlich auf Zeitungsfotos Politiker mit wichtigem Gesicht und einem riesigen Telefonhörer am Ohr, dessen dickes Kabel in einen Koffer mündete, der von der Größe her ohne weiteres vierköpfigen Familien eine Woche Urlaub an der Ostsee oder in Tirol ermöglicht hätte.

So ein unförmiges Funktelefon lag beim Ranking heiß begehrter Objekte deutlich im vorderen Bereich. Der kolportierte Preis von »um die fünfzigtausend Mark« machte jedoch unerbittlich klar, dass man als Nichtpolitiker wohl nie zum elitären Zirkel der Nutzer gehören würde.

Aber wie schön war es doch, davon zu träumen, nicht mehr bei strömendem Regen vor besetzten Telefonzellen warten zu müssen, oder dass die vergeblichen Versuche, einen zerknüllten Zehnmarkschein bei einem mies gelaunten Kioskbesitzer in geeignete Münzen einzutauschen, endlich ein Ende haben würden.

So war das damals. In den Siebzigerjahren gab es eben vieles, was es noch nicht gab. Weil man aber nicht wusste, was es zehn, zwanzig Jahre später geben würde, litt man nicht und war auch nicht ungeduldig wie heutzutage, wenn die nächste iPhone-Generation so lange auf sich warten lässt und der erhoffte Preisverfall bei Computerchips so langsam verläuft, dass die Anschaffung eines Laptops mit unvorstellbar leistungsfähigem Quad-Core–Prozessor wohl doch erst im nächsten Jahr möglich sein wird.

Manchmal war es auch gut, wenn man nicht wusste, was kommen würde. Die Unbekümmertheit, mit der man damals durch die Discos zog – genau, so hieß das: Disco. »Club« kannte man nur, wenn man Ruderer war, anglophiler Student oder in Zusammenhang mit den Büchern, die man regelmäßig von Bertelsmann zugeschickt bekam und eigentlich gar nicht haben wollte – die Unbekümmertheit also wäre sicher einer veritablen Torschlusspanik gewichen, wenn man gewusst hätte, dass in einem Jahr Aids ausbrechen würde.

Aber so weit war es noch nicht, als er Mitte der Siebzigerjahre in den Semesterferien für eine Woche nach New York flog.

Ein alter Traum, schon lange als Höhepunkt aller bisherigen touristischen Aktivitäten geplant und nach langem Sparen und diversen Studentenjobs endlich umgesetzt.

Es hatte verdammt gut angefangen. Allein die Erwähnung der geplanten Reise und zufälliges Liegenlassen von Ticket und Visum in der gemeinsam genutzten Küche hatten ihn innerhalb der WG auf Platz eins der sozialen Rangfolge katapultiert. Auch an der Uni wusste man Bescheid. Nach einem Linguistikseminar hatte sich eine größere Traube – vorwiegend aus Kommilitoninnen bestehend – um ihn gebildet, nachdem er seinen Nachbarn mit kaum erhobener Stimme gefragt hatte, ob dieser zufällig darüber informiert sei, ob es in New York ein Goethe-Institut gäbe.

Er wusste, die Reise nach New York hatte ihn zum Star seiner studentischen Peergroup gemacht, noch bevor er losgeflogen war.

Ein gutes Gefühl. Erst diese Superreise, und wenn er wieder zurück war, die vielen Mädels, die nur so darauf brennen würden, seine New-York-Geschichten zu hören.

Kein Problem – er würde gern erzählen. So lang und ausführlich wie gewünscht. Und dann natürlich ab in die Kiste, klar, man ist schließlich nicht zum Spaß auf der Welt.

Dieser Spruch hatte sich dutzendfach bewährt, wenn er mal wieder mit einem Mädel – so nannte er die jungen Frauen seiner Generation – Sex haben wollte, also die einzige Form von Kontakt und Austausch, die ihn bei Frauen interessierte.

Geradezu ritualisiert liefen diese Begegnungen ab. In der Uni für den Abend verabreden oder in Kneipe oder Disco anquatschen, zwei, drei Bier, den intellektuellen Supergermanisten mit sozialistischem Weltbild raushängen lassen. Dann die beiläufig gestellte Frage, wohin man denn nun zum Ficken gehen würde, zu ihm oder zu ihr, und in die bei der Gegenseite durch echtes Erstaunen oder gespielten Anstand entstandene Pause hinein jungenhaft lächelnd den Satz der Sätze, die Formel des Erfolgs aussprechen: »Na hör mal – wir sind schließlich nicht zum Spaß auf der Welt!«

Es wirkte immer. Am nächsten Tag wurde der WG ausführlich Vollzug gemeldet, ausgeschmückt mit körperlichen Details, die Mediziner an gynäkologische Befunde erinnert hätten.

In der WG gab es aber keine Mediziner, und so wurden diese Berichte wahrgenommen als Alltagsgeschichten aus dem Leben eines Womanizers.

Wie gern hätten die anderen Bewohner der WG auch Anlass gehabt, so tolle Geschichten zum Besten zu geben. Da war aber nichts Vergleichbares. In ihrem Leben lief das irgendwie anders mit Frauen. Die Leichtigkeit fehlte, die problemlose Geschmeidigkeit in der Umsetzung des Programms.

Bei ihnen war immer das Gefühl dabei, vor einer nahezu unlösbaren Aufgabe zu stehen, bis an den Rand der Erschöpfung baggern zu müssen, bevor sich eine kleine Chance auf das, was sie Nacht für Nacht um die Häuser trieb, auftat: Sex mit irgendeiner Frau, um anschließend vor sich selbst und den Kumpels als richtiger Mann dazustehen.

Manchmal klappte es ja, aber wie sollte sich so etwas wie Zufriedenheit und Stolz über die Eroberung einer drallen Brünetten einstellen, wenn *er* in der Zwischenzeit *zwei* dralle Brünette, eine langbeinige Blondine und eine kleine, handliche Schwarzhaarige mit absoluten Riesentitten abgegriffen hatte?

Niemand bezweifelte die Erfolgsmeldungen und Beuteschreibungen, die *er* nahezu täglich lapidar verkündete. Es war nur schwer zu ertragen. So richtig zufrieden mit sich und der Welt war in der WG nur einer: *er*.

Er hatte eben Glück gehabt, schweinemäßiges Glück, als die Gene verteilt wurden. Er war groß gewachsen, hatte schmale Hüften und auffallend breite Schultern. Ohne jemals auch nur eine Minute Sport zu machen, hatte er eine Figur, als hätte er jahrelang im Ratzeburger Achter trainiert und sich nebenbei als Zehnkämpfer für die Olympiade qualifiziert. Seine Haut war unabhängig von jeglicher Zufuhr von UV-Strahlen ganzjährig leicht gebräunt und umschmeichelte die deutlich sichtbaren Muskelgruppen, auch in dem Bereich, der Jahrzehnte später als Waschbrettbauch zum Synonym für perfekte männliche Körper werden sollte.

Kein Zweifel, er war sehr attraktiv. Die Haare – natürlich

waren sie von dichtem Wuchs und leicht gewellt und schimmerten in jeder Lichtstimmung – trug er schulterlang.

Das bedeutete zwar einen erhöhten Aufwand beim Waschen und Trocknen, der Effekt, den er erzielte, wenn er beim Lachen den Kopf zurückwarf und seine Mähne hin und her fliegen ließ – viel später sollte diese vorwiegend von Frauen gern benutzte Geste die Bezeichnung »Hair Flip« erhalten –, machte die Mühen durch einen positiven Einfluss auf die Entwicklung der Eroberungsbilanz mehr als wett.

Die anderen Mitglieder der WG waren von derart geballter Perfektion weit entfernt.

Es gab zwei Möglichkeiten, mit der eigenen Minderwertigkeit umzugehen. Man zog aus, oder man bemühte sich mithilfe von teuren Solarienbesuchen und verzweifelten Schindereien in Bodybuilding-Studios um eine adäquate Verbesserung des körperlichen Zustands.

Es zeigte sich, dass die, die auszogen, die Variante mit einer gewissen Chance auf Seelenfrieden gewählt hatten. Die anderen beobachteten ihre zweifelhaften Teilerfolge im Spiegel. Der Anblick dunkelrot verbrannter Haut über unvermindert vorhandenen Hüft- und Bauchrollen, fremdkörperartig aufgeblasener Bizeps und nur ansatzweise entwickelter Brustmuskulatur vermittelte weiß Gott nicht den Eindruck, auf einen perfekten, harmonischen Körper zu schauen.

Hoffnungslosigkeit breitete sich aus, kurz über lang wurden die Bemühungen eingestellt, und ein Leben als missgestalteter Underdog schien etwas zu sein, mit dem man sich so langsam arrangieren musste.

Er war am späten Nachmittag auf dem John-F.-Kennedy-Airport gelandet, mit dem Airport-Express-Bus zum Grand Central Terminal Park Ave/Ecke 42. Straße gefahren und dann zu

Fuß weitergegangen. In Greenwich Village fand er ein einfaches Traveller-Hotel, das gerade noch erträgliche Übernachtungspreise verlangte. Sein Zimmer war klein, der Holzfußboden knarrte, es gab ein Gemeinschaftsbad für jede Etage und laut brummende Eiswürfelautomaten auf dem Flur. Das Wichtige war aber: Er war in New York.

Nachdem er geduscht hatte, zog er los. Im Village gab es jede Menge Bars und Restaurants, er ließ sich treiben und trank hier ein Bier, dort einen Cocktail und merkte schnell, dass er mit seiner Kohle aufpassen musste, wenn er nicht nach spätestens zwei Tagen pleite sein wollte.

Mädels gab es reichlich und gut sortiert, wie er fand, es würde eine spitzenmäßige Woche werden.

Der Jetlag machte ihm mehr zu schaffen als gedacht. Er beschloss, die amerikanischen Mädels müssten sich bis zum nächsten Abend gedulden und ging zurück in sein Hotel.

In der Nacht wachte er zweimal kurz auf und meinte, aus dem Nebenzimmer das lustvolle Stöhnen einer Frau zu hören. Er war jedoch zu müde, um sich mit diesem Eindruck weiter zu beschäftigen, und schlief sofort wieder ein.

Am nächsten Morgen schien die Sonne. Nach dem Frühstück im Hotel – an Nebentischen zwei aufgedrehte Japanerinnen und eine blonde Schwedin oder Norwegerin oder Finnin, er kannte sich nicht aus mit skandinavischen Sprachen. Alle drei höchst erfreuliche Anblicke, da würde ihm schon etwas einfallen, aber sie waren alle in männlicher Begleitung.

Kein Problem. New York war voll von gutaussehenden Mädels, so viel hatte er schon gesehen.

Gut gelaunt brach er auf, lief in Richtung Süden, am World Trade Center vorbei, wunderte sich über das hohe Tempo der New Yorker Fußgänger, durchquerte den Battery Park und nahm die Fähre nach Ellis Island.

Er fühlte sich großartig. Was für eine Stadt, und er war mittendrin, gehörte dazu. Der Blick aus dem Kopf von Miss Liberty auf die Skyline gegenüber war grandios.

Das Immigration Museum fand er interessant, auch weil dort viele sommerlich leichtbekleidete Frauen unter den Besuchern waren. Er fühlte sich sicher und hatte keinen Zweifel daran, dass seine Wirkung auf Frauen auch hier funktionieren würde.

Mittags aß er in einem Coffeeshop in der Nähe der Vietnam Vets Plaza ein Pastrami Sandwich, trank Cola dazu und fühlte sich schon ziemlich amerikanisch.

Sein Englisch reichte, um mit einer jungen amerikanischen Buchhändlerin ins Gespräch zu kommen. Sie hieß Sheila, hatte grüne Augen, eine schwarze Kurzhaarfrisur und rauchte Kette. Sie war ihm aufgefallen, als sie am Nebentisch aufstand und zur Toilette ging. Was er sah, gefiel ihm gut, federnder Gang, leichtes Schwingen der Hüfte. Als sie zurückkam, konnte er sie unauffällig auch von vorne mustern. Nicht schlecht, wirklich nicht schlecht. Er glaubte, genau zu wissen, wie sie nackt aussehen würde. Na dann mal los.

Leider wusste er nicht, was Germanistik auf Englisch heißt, also sagte er neutral: »I am teaching at the university.«

Das mit dem Lehren war ihm in allerletzter Sekunde eingefallen, er versprach sich davon mehr Wirkung, als wenn er nur »I am a student« gesagt hätte. Als Antwort auf die sicher gleich folgende Frage nach der Fachrichtung hatte er sich Social Science zurecht gelegt, das klang nicht schlecht.

Hauptsache irgendetwas Geisteswissenschaftliches. Erfahrungsgemäß standen die Mädels viel mehr auf so etwas als auf Maschinenbauer oder Chemiker.

Sheila fragte aber nicht, sondern verkündete in ihrem etwas breiten amerikanischen Englisch, dass sie deutsche Literatur wirklich, wirklich lieben würde. Ob er denn Rilke kennen würde, die Gedichte seien ja so poetisch.

Of course, sagte er und dann auf deutsch: »Jedem Anfang wohnt ein Zauber inne« und so weiter. Er fand toll, dass ihm das Gedicht gerade jetzt eingefallen war, es passte schließlich total gut zur Situation. Er grinste Sheila verführerisch an und versuchte als Übersetzung: »In every beginning is housing a magic, you know?«

Das kannte Sheila nicht, sie wusste also auch nicht, dass das nicht von Rilke, sondern von Hesse war, aber sie fand es »very nice«.

Dann erzählte sie von ihrem Job in der Buchhandlung und wie wichtig lesen ist, besonders für Kinder, und dass sie später einmal mindestens sechs Kinder haben wolle, »because I love children so much, do you?«

»Of course«, versicherte er, »I want have many, many children, a real big family.«

Er war unsicher, ob das jetzt schon der richtige Zeitpunkt war, um sie zu fragen, ob sie zu ihr oder zu ihm gehen sollten zum Ficken. Verdammt, das klang so komisch, wenn er sich das im Kopf auf Englisch aufsagte.

Und »We are not on the world to have fun« war plötzlich auch nicht mehr der ultimative Kracher.

Er beließ es lieber dabei, Sheila zu fragen, ob sie mit ihm abends etwas trinken gehen würde. Sheila bedankte sich freundlich für das nette Angebot, musste aber zu ihrem Bedauern ablehnen. Sie war mit ihrem Boyfriend zu einem Kinobesuch verabredet. Ein neuer Film von Martin Scorsese, *Taxidriver*, ob er davon gehört habe, die Kritiken seien schlecht, aber ihr Boyfriend habe gesagt, Scorsese sei ein wichtiger Regisseur.

Er hatte noch nie von Scorsese gehört, bestätigte aber, dass

Scorsese ein wirklich großer Regisseur sei, und mit den Kritiken, das sei ja eh alles Quatsch, die wirklich guten Filme hätten schon immer schlechte Kritiken gehabt.

Sheila setzte sich eine große Sonnenbrille auf, winkte ihm zum Abschied kurz zu und war weg.

Es fühlte sich an, als hätte sie ihn sitzengelassen, keinen Bock auf ihn gehabt, und das irritierte ihn.

Er bestellte noch eine Cola.

Sheila, sie hatte ihm ihren Vornamen genannt. Und erfahrungsgemäß bedeutete die Möglichkeit, eine Frau, die man gerade kennengelernt hat, mit ihrem Vornamen anzureden, bereits so viel Nähe und Intimität, dass es nur noch eine Frage von Stunden war, bis er sie nackt im Bett erleben würde.

Er entschied sich für die Auslegung, dass Sheila eine komische Frau sein müsse. Buchhändlerin eben. Das weiß man doch, dass die irgendwie spleenig und weltfremd sind. Er trank die Cola aus, bezahlte und ging.

Das Eintauchen in den dichten Verkehr und die Betriebsamkeit der Stadt baute ihn wieder auf. Er durchquerte den Financial District – die von vielen Frauen getragene Kombination von Business-Kostüm und Turnschuhen fand er irgendwie erotisch –, ging wieder am World-Trade-Center vorbei, ein paar Blocks den Broadway hoch und landete schließlich in Tribeca.

Hier setzte er sich in einen Coffeeshop, trank Cola und blätterte in einem *Time-Out*-Magazine, das auf dem Tisch lag. Es war inzwischen später Nachmittag, er beschloss, langsam ins Hotel zurückzukehren, zu duschen und dann so richtig auf die Piste zu gehen. So langsam musste etwas passieren mädeltechnisch, er war schließlich nicht zum Spaß in New York.

Es passierte auch etwas, nur leider nicht so ganz in der erhofften Weise. Er hatte in einer Bar Bridget angebaggert, eine attraktive, brünette Kunststudentin mit Sommersprossen und einer Körbchengröße, die in seinen Kategorien »koitabel« bedeutete. Nach zwei, drei Bieren hatte er sich getraut, Bridget zu fragen, wohin sie denn zum Ficken gehen würden – in sein Hotel oder »at her place«.

Bridget hatte ihn angeschaut, wie man ein interessantes Insekt anschaut, das plötzlich über den Tisch krabbelt, und den Typen, der abgewandt neben ihr stand und sich mit seinem Nachbarn angeregt über Baseball unterhielt, angestupst. Der Typ hieß Shawn und war Bridgets Boyfriend.

Als Bridget ihm erzählte, *er* habe sie gerade gefragt, ob sie in seinem Hotel ficken sollten oder »at her place«, zuckte Shawn gelangweilt mit den Schultern und sagte, das solle sie entscheiden, ihm sei das egal, wo *er* zuschauen würde, wenn Bridget und Shawn Sex hätten. Alternativ könnte *er* aber auch gleich eins auf die Fresse kriegen. Dann drehte sich Shawn zurück zu seinem Nachbarn und nahm das Gespräch über Baseball wieder auf.

Bridgets schallendes Gelächter hörte er noch, als er schon auf der Straße war. Noch Jahre später würde es in seinem Kopf dröhnen, wenn er sich an diesen Vorfall erinnerte.

Im Hotel war die Tür des Nebenzimmers geöffnet, Radiomusik war zu hören. Auf dem Flur stand ein kleiner, dicker Chinese in Boxershorts vor dem wie immer brummenden Eiswürfelautomaten und befüllte zwei Zahnputzgläser.

Er schloss seine Zimmertür auf, ignorierte das freundliche Nicken des dicken Chinesen, ging in sein Zimmer und warf die Tür hinter sich zu.

In dieser Nacht schlief er schlecht. Nicht nur, weil es heiß war. Er hatte noch eine Weile am offenen Fenster gestanden und hinausgeschaut. Das typische Hinterhofszenario mit Feuertreppen, Müllcontainern und in Fensterhöhlen flackernden

Fernsehern war keine Attraktion, die ihn von seiner irritierten Nachdenklichkeit befreien konnte.

Was war los? Warum lief auf einmal nichts mehr mit den Mädels? Soweit er in dem kleinen, angegilbten Badezimmerspiegel mit Spinnwebenrissen um die vier Befestigungsschrauben herum erkennen konnte, war doch alles in Ordnung. Die Haare fielen gut, sein Body war ansehnlich wie immer, und wenn er sich zulächelte, verstand er noch weniger, dass nichts lief.

Später lag er wach im Bett und lauschte genervt auf die Geräusche, die aus dem Nebenzimmer durch die Wand drangen. Da hatten zwei Sex. Und wie. Laut und lachend und stöhnend und offensichtlich nicht nur im Bett.

Irgendwas mussten sie mit den blöden Eiswürfeln anstellen, die der dicke Chinese vorhin aus dem Automaten geholt hatte. Eine Frau kreischte ständig: »Cold, cold, it's so cold.« Und wenn sie nicht kreischte, lachten beide unbändig und schienen sehr viel Spaß miteinander zu haben.

Lachende Frauen waren in dieser Nacht nicht gerade das, was er sich wünschte. Bridget hatte ihn ziemlich platt gemacht.

Es kam ihm vor, als würde man im Nebenzimmer über ihn lachen.

Er tröstete sich mit dem Gedanken, bestimmt nichts zu verpassen. Ein kleiner, dicker Chinese und Eiswürfel. Wen macht so was schon an. Noch dickere kleine Chinesinnen wahrscheinlich, dachte er und wunderte sich ein wenig, dass er nach dieser Niederlage überhaupt noch in der Lage war, Witze zu machen.

Er wertete das als gutes Zeichen für den kommenden Tag. There's always hope, na klar, morgen würde er es krachen lassen.

Es dämmerte schon, als der lustvolle Lärm im Nebenzimmer

verstummte. Längeres Gemurmel klang wie Abschied, dann war zu hören, wie nebenan die Zimmertür geöffnet und wieder geschlossen wurde. Die dicke Chinesin ging.

Ein plötzlicher Anfall von Neugier ließ ihn aus dem Bett schießen und vorsichtig die Zimmertür einen Spalt weit öffnen. Er wollte die dicke Chinesin sehen. Er brauchte Sicherheit.

Die dicke Chinesin war keine dicke Chinesin. So viel war sofort klar, auch wenn er sie nur von hinten sehen konnte.

Die Frau, die den Hotelflur entlang ging, war nicht dick. Sie war auf eine Weise schlank, dass ihm sofort das Wort »Model« durch den Kopf schoss. Das lag wohl auch an ihrer Größe. Sie war mindestens einsachtzig. Und sie bewegte sich wie ... wie ein Model. Und sie ließ eine kleine Handtasche am Trageriemen um ihren Finger kreisen wie eine Perlenkette. Es ging ihr also gut. Was auch immer der kleine, dicke Chinese mit seinen Eiswürfeln veranstaltet hatte – es ging ihr gut. Und sie sah aus und bewegte sich wie ein Model. Unfassbar. Da passte etwas nicht zusammen.

Irritiert schloss er die Tür und legte sich wieder ins Bett. Es wurde wirklich Zeit, dass dieser Scheißtag endlich ein Ende hatte.

Einschlafen konnte er aber erst, nachdem ihm als einzig mögliche Erklärung eingefallen war, dass die große, schlanke Frau eine Prostituierte gewesen sein musste. Genau, das war es. Ein kleiner, dicker Chinese – wie sollte das sonst gehen!

Beruhigt rollte er sich zusammen. Bald darauf begann er leise zu schnarchen.

Leider lief es die nächsten Tage nicht besser. New York war schon großartig, eine Hammerstadt. Aber was half es schon, in einer Hammerstadt unterwegs zu sein, wenn die Mädels nicht ansprangen.

Nichts klappte. Die Rothaarige, die er in einem Restaurant

in Chinatown anquatschte, tat so, als würde sie sein Englisch nicht verstehen, ließ sich ihr Essen einpacken und ging.

Im Museum of Modern Art hatte ihn eine dunkelhaarige Schönheit nach dem Museumsshop gefragt, na endlich, hatte er gedacht und war mit ihr mitgegangen, um ihr den Weg zu zeigen und schon mal ein bisschen auf ihre vielversprechenden Brüste zu schielen. Aber als sie dann aus dem Museum rauskamen und ihre Mutter mit einem kläffenden Pudel an der Leine vor dem Eingang stand und ihn feindselig anstarrte, kapierte er, dass die dunkelhaarige Schönheit wirklich nur den Museumsshop gesucht hatte und trollte sich.

Auch im Central Park lief nichts, Brooklyn verließ er genau so allein, wie er hinübergefahren war, und nach Harlem traute er sich nicht.

Richtig schlimm war es im Hotel. Durch die spaltbreit geöffnete Tür musste er jede Nacht beobachten, wie eine andere Schönheit gutgelaunt den Flur entlangschwebte, nachdem im Nebenzimmer stundenlang die Post abgegangen war. Mal mit, mal ohne Eiswürfel, daran konnte es nicht liegen.

Einmal hatte sogar eine Deutsche den Chinesen besucht. Jede Silbe zu verstehen, wenn sie ihre Lust ausdrückte, war eine besondere Pein für ihn. Warum er, fragte er sich, warum nicht ich.

Eine Frau blieb sogar über Nacht und saß am nächsten Morgen, fröhlich gickernd, mit dem dicken Chinesen im Frühstücksraum. Sie war makellos und hätte auch auf der Titelseite der *Vogue* bella figura gemacht.

Im hellen Licht des Frühstücksraums entdeckte er, dass der Chinese Pickel hatte. Und die Schneidezähne waren auch ziemlich schief.

Was ging da vor? Klein, dick, picklig, schiefe Zähne – und solche Wahnsinnsfrauen? Wo war das Geheimnis?

Am letzten Abend geriet er zufällig in eine Gegend, in der Prostituierte auf der Strasse standen. Das war zwar eigentlich nicht sein Stil, aber er dachte sich, zurückzufliegen, ohne irgendwelchen Sex gehabt zu haben, wäre nun wirklich der Vollflop.

Nach langen Verhandlungen bestimmten schließlich seine knappen Budgetgrenzen das Programm. In einer schäbigen Toreinfahrt wurde ihm einer geblasen. Er war froh, als er es hinter sich hatte.

(Diese New Yorker Blowjob-Peinlichkeit mutierte in seinen späteren Erzählungen zu einem strahlenden Ereignis. Aus der schäbigen Toreinfahrt wurde ein Penthouse mit Blick auf das Empire State Building, aus der Prostituierten eine junge amerikanische Buchhändlerin, Sheila, die ihren Freund Shawn, einen bekannten Baseballspieler, mit ihm betrog, als ein wichtiges Auswärtsspiel anstand und sie sturmfreie Bude hatte. Die Qualität des oralen Verkehrs sprengte die Dimensionen von allem bislang Vorstellbaren – sowohl was Technik als auch Ausdauer und die Anzahl der erreichten Orgasmen betraf.)

Im Hotel traf er auf den dicken Chinesen, der mit einem Zahnputzglas in der Hand auf dem Flur stand und Eiswürfel holte. Die Tür zu seinem Zimmer stand sperrangelweit offen. Es war keine Frau zu sehen.

Diesmal reagierte er auf das freundliche Nicken des Chinesen und nickte auch. Dem üblichen »How are you?« folgten ein paar unverbindliche Sätze zwischen Tür und Angel, dann wurde er vom dicken Chinesen gefragt, ob er Lust auf einen Whisky habe. Zögernd stimmte er zu und betrat das Zimmer des Chinesen, diese Lasterhöhle, gegen die Sodom und Gomorrha so unschuldig waren wie der Heidepark in Soltau.

Den Whisky gab es aus Zahnputzgläsern, in die Eiswürfel aus dem brummenden Automaten verteilt wurden. Er prostete dem dicken Chinesen zu und konnte sich die Bemerkung, es sei schon toll, was man mit Eiswürfeln alles anstellen könne, nicht verkneifen.

Das Zotige der Anspielung verstand der Chinese nicht. Er nickte freundlich und trank.

Erst nach der Bemerkung, die Chinesische Mauer sei sicher dicker als die Mauer zwischen ihren Zimmern, kapierte der Chinese, welches Thema angesagt war.

Er lachte, nickte freundlich und entschuldigte sich dafür, dass es offensichtlich etwas laut gewesen sei.

Er winkte mit großer, gelassener Geste ab. Keine Ursache, Hauptsache, es habe Spaß gemacht. Er hoffe nur, dass der Lärm, den er in seinem Zimmer gemacht habe, das Vergnügen nicht gestört habe.

Der Chinese beteuerte, wirklich nichts gehört zu haben, und begann, über New York zu schwärmen. So eine tolle Stadt und so viele schöne Frauen überall, bestimmt würde er bald wiederkommen.

Ja, so sehe er das auch, antwortete *er*, aber ein bisschen spröde seien sie schon, die Frauen, es würde ganz schön dauern, bis man ins Gespräch käme und so weiter. In Deutschland, au Mann, da geht so was ratzfatz, aber hier …

Der Chinese lachte sich kringelig über das Wort ratzfatz, das man trotz der Schreibweise nicht etzfetz, sondern atzfatz ausspricht. Spröde? Also davon habe er nichts bemerkt. Im Gegenteil, er halte amerikanische Frauen für total offen und selbstbewusst, und sie wüssten immer ganz genau, was sie wollen und was nicht. Tolle Frauen einfach, zum Anbeten toll.

Es gab noch mehr Whisky, irgendwann war die Flasche leer.

Er ging in sein Zimmer hinüber, ohne eine Antwort bekommen zu haben. Der dicke Chinese hatte sich einfach geweigert, seine Tricks zu verraten, und beharrlich behauptet, keine zu haben. Das mit den Eiswürfeln sei einfach nur ein Spiel gewesen, sie hätten sich mit Eiswürfeln gestreichelt und an den kalten Schauern erfreut. Das sei sehr lustig gewesen, er müsse das unbedingt einmal ausprobieren.

Er glaubte dem Chinesen kein Wort. Ich bin, wie ich bin, ich brauche keine Tricks? Das kann nicht die Erklärung sein, wenn man klein ist und dick und Pickel hat und schiefe Zähne. Also wirklich – wo soll denn da so etwas wie Attraktivität herkommen?

Frustriert fuhr er am nächsten Morgen zum Flughafen.

Es war nicht der Urlaub gewesen, den er sich vorgestellt hatte.

Der Rückflug dauerte acht Stunden. Genug Zeit, um Stadt und Erlebnisse auf ein gleich hohes Niveau zu nivellieren:

Gigantisch!

Die Jungs in der WG hingen an seinen Lippen. New York wurde zum kollektiven Traumziel erklärt. Mädels ohne Ende, alles völlig unkompliziert, sehr zu empfehlen.

Auch in der Uni kamen die Geschichten gut an. Langsam kehrte seine alte Selbstsicherheit zurück.

In den folgenden Jahren machte er regelmäßig Urlaub in Thailand.

Ein dickes Nachwort

So. Das war's. Mit diesem Buch jedenfalls.

Mit dem Thema »dick« bestimmt nicht. Das wird uns auch weiterhin begleiten, ob wir uns nun dafür interessieren oder auch nicht. Unübersehbar wird es weiterhin aus allen Gazetten, TV-Magazinen und Ratgeberbüchern hervorquellen wie Zahnpasta aus einer Tube, die jemand unabsichtlich zertreten hat. Zu ergiebig ist dieser Markt der Häme und des schlechten Gewissens, auf dieses Geschäft verzichtet niemand freiwillig.

Egal. Lassen wir es quellen. Es gibt Wichtigeres und – vor allem – Interessanteres auf dieser Welt. Aber das muss ich Ihnen nicht sagen. Sie haben sie schon, die große Gelassenheit, mit der das Leben erst richtig Spaß macht.

Hätten Sie sonst dieses Buch gelesen?

Ich hatte sehr viel Spaß beim Schreiben. Das Wort »dick« ist für mich zum Pushbutton für entspannte Heiterkeit geworden.

So bin ich herangegangen an dieses Buch, so hat es sich hoffentlich vermittelt.

Das über Dicke ausgeworfene dichte Netz aus aktionistischen staatlichen Gesundheitsförderprogrammen, permanenter Werbung für Schlankheitsprodukte, Zeitungsartikeln über immer neue Studien mit bedrohlichen Ergebnissen, und Talk-shows mit Vorher-Nachher-Diät-Absolventen, sich widersprechenden Medizinern und höchst besorgt dreinblickenden Moderatoren kommt mir vor wie ein Entwurf für die Muppet Show. Wirklich ernst nimmt dieses Thema doch kaum noch jemand. Es ist zum Bestandteil eines Medienfundus verkommen, jederzeit abrufbar mit garantiert hoher Aufmerksamkeitsrate. Mitglied einer hochwillkommenen Themenfamilie mit den Geschwistern Gammelfleisch, Schweinegrippe, Promi-Affaire und Benzinpreis. Dick ist ein dickes Geschäft. Medientechnisch ein voller Erfolg. Was will man mehr.

Die, die mehr wollten mit diesem Thema – Mediziner, Wissenschaftler, seriöse Journalisten –, verfallen zunehmend in eine große Nachdenklichkeit. Wie immer, wenn eine Idee, der man sich voller Hoffnung und mit großer Ernsthaftigkeit gewidmet hat, gescheitert ist.

Alle Formeln, die für Gewichtsreduzierung sorgen sollten, haben versagt. Nach wenigen Jahren starrten die zu Beginn der jeweiligen Programme deutlich erschlankten Probanden – na bitte, es funktioniert doch! – verbittert auf die Displays ihrer Waagen. Die schlimmen Zahlen waren wieder da. Oft war das Gewicht noch höher als zu Beginn des Programms.

Ernüchternde Erkenntnis: Welche Diät, welches Sportprogramm, welche Fastentechnik, welche Kombination auch immer benutzt wird – am Ende steht das Scheitern.

Um Missverständnissen vorzubeugen – ich finde es überhaupt nicht gut, dass die Menschen, statistisch betrachtet, immer schwerer werden.

Ich finde es aber auch nicht gut, wie mit Übergewichtigen umgegangen wird.

Die ständigen Schuldzuweisungen und das daraus resultierende schlechte Gewissen erinnern mich fatal an die Psycho-

Mechanik der katholischen Kirche. Sünde und Vergebung, ein ausgereiftes, bewährtes Modell.

Nur dass im katholischen Alltag die Zyklen deutlich kürzer sind. Als Dicker verharrt man Jahrzehnte im Sünderstatus, dem, wenn überhaupt, lächerlich kurze Vergebungsphasen gegenüberstehen.

Repression als Kulturtechnik. Oh ja, wir haben es weit gebracht.

Was tun also?

»In jeder Krise liegt auch eine Chance.«

Hassen Sie diesen millionenfach durch den Wirtschaftskrisen-Erklärungsmangel genudelten Satz mittlerweile auch so wie ich? In meinem persönlichen »Ich-kann-das-nicht-mehr-hören!«-Ranking hat er schon vor Monaten das ausgelutschte Hesse-Zitat mit dem Zauber, der es sich in jedem Anfang gemütlich machen soll, von Platz eins verdrängt.

Kotz, würg, totbenutzt, ab in den Keller, in ein paar Jahren geht's ja vielleicht wieder.

Ja, so etwas ärgert mich. Weil ich mich behindert fühle.

Ich kann jetzt nämlich nicht einfach schreiben, dass man die Krise der Übergewichtsdiskussion vielleicht als Chance für einen anderen, differenzierteren Umgang mit diesem Thema begreifen sollte. Das geht nicht. Wegen ausgelutscht, wie gesagt.

Ich soll mich nicht so kaprizieren? Da muss ich mir eben etwas anderes einfallen lassen? Also wirklich, jetzt werden Sie bitte nicht pampig, so kurz vor Schluss.

(Es ist nicht zu fassen. Da liefert man den Leuten ein paar Stunden hochintelligente, humorvolle, bereichernde Unterhaltung, und als Dank wird man angepöbelt. Unglaublich.)

Leute – das sagt sich so einfach mit dem »eben mal was anderes einfallen lassen«. Aber das ist nicht so, als müsste man nur die Pralinenschachtel aufmachen und einen Orangentrüffel rausgrapschen, weil Nougat, das man eigentlich wollte, schon aufgefressen ist.

Nein, da muss man nachdenken. Das ist Arbeit!

Ich will mich nicht streiten.

Also, man könnte doch, wenn man kapiert hat, dass die ganzen Abnehmmodelle eben doch nicht funktionieren, diese Erkenntnis als Chan ... äh, also als Möglichkeit – (»Chance« wäre hier wirklich besser, merken Sie's?) – als ... Anlass! Ja, das ist auch gut, als Anlass nutzen, dieses Thema etwas vielschichtiger zu beleuchten.

Diät an, Gewicht geht runter, Gewicht geht rauf, Diät aus.

Neue Diät an, Gewicht geht runter, Gewicht geht rauf, Diät aus. Und so weiter und so weiter. Das ist mit Steuergeldern und/oder Eigenmitteln geförderte Hamstertrommel. Nicht gerade state of the art, oder?

Nee. Ich habe keine Idee. Ich bin kein Ratgeberschreiber und auch kein Welterklärer. Ich wundere mich bloß.

Zum Beispiel darüber, wie langsam sich die Erkenntnis durchsetzt, dass »dick« nicht zwingend mit »krank« gleichzusetzen ist.

Die Bevölkerung wird immer dicker, kann man überall lesen. Sie wird immer älter. Das kann man auch überall lesen. Aber nie zusammen in einem Artikel. Oder selten, sorry, ich hab da sicher nicht den totalen Überblick.

»Statistisch wird die Bevölkerung immer dicker und immer älter.«

Das wäre doch ein aussagekräftiger Satz, finden Sie nicht?

Oder ist er zu lang? Zu viel Information? Zu kompliziert für die Zielgruppe?

Auch da kenne ich mich leider nicht aus. Ich bin weder Redakteur, noch Herausgeber, noch Verleger.

Ich bin – frei nach Richard David Precht – meine eigene Zielgruppe. Und wir – äh – ich komme(n) mit zwei Informationen pro Satz noch ganz gut klar.

Es ginge sogar noch ein bisschen mehr.

Ein Satz zum Beispiel, der darüber informiert, dass es unter den Dicken, die immer älter werden, total gesunde Dicke gibt, die fit wie ein Turnschuh sind, aber auch Dicke, die nicht gesund und überhaupt nicht fit wie ein Turnschuh sind und die schleunigst abnehmen sollten, wenn sie nicht in nächster Zeit Besuch kriegen wollen vom Herzkasper, seinem Kumpel, der die Schlaganfälle immer so super hinkriegt, und den Knochenklempnern, die ihr Geld mit Einbau und Wartung von Hüft- und Kniegelenken und künstlichen Bandscheibenprothesen verdienen, würde mich vielleicht an den Rand meiner Aufnahmefähigkeit bringen, aber mir noch längst nicht das Gefühl vermitteln, es wäre an der Zeit, mich über betreutes Wohnen für Alzheimerkranke zu informieren.

Sie konnten folgen? Gut.

Nein, das erleichtert mich wirklich.

Ich sage Ihnen auch, warum. Es gab im Vorfeld dieses Buches durchaus Zielgruppendiskussionen. Also, wer liest so etwas überhaupt? Wen interessiert dieses Thema? Langweilen wir unsere Leser, oder überfordern wir sie? Welche Form müssen wir wählen, um zu verhindern, dass Interesse und Spaß beim Lesen ermüden und die Mundpropaganda negativ beeinflusst wird? Und so weiter.

Da ging's zur Sache, das sag ich Ihnen, es ist ja auch nicht ohne Brisanz, wenn man sich zum Beispiel auf der Skala »doofe Leser / schlaue Leser« positionieren muss.

Erschwerend kam hinzu, dass es durch meinen Beruf einen Bezug zum Fernsehen gibt. Crossover, verstehen Sie. Wir mussten versuchen, uns von Ihnen ein Bild zu machen, von Ihnen als Leser *und* als Fernsehzuschauer.

Aber woher sollen wir wissen, wie es um Ihren Geschmack bestellt ist? Schalten Sie lieber *Arte* ein oder *Das große Fest der Volksmusik*? Oder irgendwas dazwischen wie Theaterkanal oder *RTL* oder *ZDF* zum Beispiel. Oder sind Sie so umfassend interessiert, dass Sie alles einschalten?

Schwierig, verstehen Sie, da muss verdammt viel nachgedacht werden.

Wir haben uns festgelegt, natürlich, aber erwarten Sie jetzt bitte nicht, dass ich Ihnen das kulturelle Profil, das wir bei Ihnen vermuten, verrate. (Aber ich kenne es, hihi, ich kenne es!)

Ein Scherz. Keine Sorge, wir schätzen Sie wirklich. Wir wollen es Ihnen recht machen. Wirklich. Wer hätte schließlich etwas davon, wenn Ihnen dieses Buch nicht passen würde?

Passen in übertragenem Sinn natürlich. Ein Buch ist schließlich keine Strickjacke. Oder ein Flugzeugsitz.

Auf den Flugzeugsitz komme ich jetzt, weil ich denke, Sie könnten vielleicht ein bisschen verkniffen sein, weil wir uns von Ihnen ein Bild machen wollten. Würde ich sogar verstehen, ich bin auch immer angegrätzt, wenn mir jemand erzählt, wie ich bin. Für so etwas sollte man eigentlich Datenschutz in Anspruch nehmen können.

Also – wenn das so bei Ihnen angekommen sein sollte, entschuldige ich mich bei Ihnen. Das mit dem Bild war nicht aufdringlich gemeint oder gar bösartig. Es ging wirklich nur darum, dass Sie sich wohlfühlen beim Lesen. So wie Sie sich auch wohlfühlen sollten, wenn Sie mit der Lufthansa von Berlin nach München fliegen oder von Frankfurt nach New York, egal, sie wollen beim Fliegen bequem sitzen und nicht ständig mit Rückenschmerzen hin und her rutschen und was-ist-das-denn-für-eine-Scheiße-hier denken, kann diese blöde Airline denn keine Sitze einbauen, in denen man einigermaßen bequem sitzen kann?

Na ja, und so wie ich mich freuen würde, wenn Sie sich mit meinem Buch wohlfühlen, will die Lufthansa eben, dass Sie sich in ihren Sitzen wohlfühlen. Und darum hat sich die Lufthansa auch ein Bild von Ihnen gemacht.

Das haben Sie wahrscheinlich gar nicht gemerkt, die Lufthansa ist eben nicht so eine Plaudertasche wie ich, aber das Bild gibt es, es ist sogar ziemlich konkret.

Erstellt wurde es sogar gemäß einer DIN-Norm. Die hat die Nummer 33402 und gehört zum Bereich Ergonomie – Körpermaße des Menschen.

Tja, rausgekommen ist, dass Ihre Körpergröße – wenn Sie ein Mann sind – zwischen dem fünften und dem fünfundneunzigsten Perzentil liegt. Sie sind – es wird Sie überraschen, dass ich das weiß – zwischen ein Meter zweiundsechzig Komma neun und ein Meter vierundachtzig Komma eins groß.

Sind Sie eine Frau, liegt Ihre Körpergröße zwischen ein Meter einundfünfzig Komma null und ein Meter zweiundsiebzig Komma fünf.

Diese Maße decken neunzig Prozent der Bevölkerung ab. Jetzt wissen Sie auch, warum meine Chance, Ihre Größe richtig einzuschätzen, gar nicht so schlecht war.

Jeder Fluggast, der zwischen ein Meter einundfünfzig Komma null und ein Meter vierundachtzig Komma eins groß ist, kann also mit der beruhigenden Gewissheit an Bord gehen, während des Fluges bequem sitzen zu können.

Die restlichen zehn Prozent müssen sich halt arrangieren, was in der Regel ausgefeilte Zusammenfalt-, Schrägsitz- und Klemmhaltungtechniken bei den zu großen Fluggästen erfordert. Sind Sie unter ein Meter einundfünfzig groß, wäre eventuelles Klagen lediglich klagen auf hohem Niveau. Platz hätten Sie zumindest reichlich, für meine Verhältnisse sogar in luxuriösem Übermaß.

Halt, stopp – wie furchtbar! Ich mache gerade die Sorte Fehler, die ich Ihnen, würden Sie sich anmaßen, meine Lebensumstände zu bewerten, bis ans Ende meiner Tage verübeln würde.

Ja, so schnell geht das also mit dem voreiligen Bescheid-wissen-Wollen über das Leben körperlich anders dimensionierter Menschen. Ich bin entsetzt.

Aber haben Sie gemerkt, wie schnell ich auf die Bremse treten konnte? Das habe ich diesem Buch zu verdanken. Dieses Buch stählt die Wahrnehmung. Es macht perfekte soziale Wesen aus seinen Lesern. Ist das nicht großartig?

So sinnvoll haben Sie seit Jahrzehnten kein Geld angelegt. Sie haben die Welt ein kleines Stück besser gemacht. Weil Sie im Umgang mit Ihren Mitmenschen toleranter geworden sind. Weil Sie – mein! – Buch gelesen haben.

Ein Wahnsinn ist das. Ich muss jetzt gerade mal fünf Minuten Pause machen. Mein Hals ist plötzlich ganz trocken.

Ich bin so ergriffen von meiner Bedeutung.

Das verstehen Sie doch?

Okay, bin wieder da. Ein phantastischer Tag. Ich sah eben wirklich nicht schlecht aus im Spiegel. Ob meine Frau wirklich weiß, mit wem sie verheiratet ist?

Wir waren gerade bei Flugzeugsitzen und Körpergrößen.

Das scheint mir ja ganz gut gelöst zu sein. Aber wie ist das mit dem Körpergewicht der Passagiere? Das hat ja auch etwas mit bequem sitzen zu tun. Vor allem wenn man sich anschnallt. Fliegen sollte schmerzfrei möglich sein, finde ich.

Ich habe aber Situationen erlebt, in denen ich kurz davorstand, einen Notarzt zu rufen. Mehrfach habe ich beobachtet, wie übergewichtige Passagiere mit zu kurzen Gurten kämpften – und verloren.

Kämpfe, bei denen es um Leben und Tod ging. So schien es zumindest. An den Gurtenden wurde gezerrt, dass sich die

Sitzlehnen nach innen bogen. Aber es reichte trotzdem nicht. Hälse und Köpfe liefen dunkelrot an, der Blutdruck stieg in nicht für möglich gehaltene Höhen, gleichmäßige Atmung wurde von stoßartigen Schnauf- und Grunzgeräuschen ersetzt. Aber es reichte nicht. Schweißausbrüche ließen Haut glänzen und durchtränkten Hemdbrüste, Augen quollen aus ihren Höhlen. Aber es reichte nicht.

Zwei Handbreit Luft zwischen Schnalle und Schloss.

In Zentimetern messbare Demütigung. Und alle gucken zu.

Achten Sie mal drauf, wenn Sie so eine Situation erleben.

Ein grandioses Schauspiel.

Auf den ersten Blick funktioniert es ja noch. Die aufgeschlagene Zeitung entspannt in den Händen, den Kopf nach vorn in Lesestellung eingeklinkt. Das sieht aus wie jemand, der damit beschäftigt ist, eine Zeitung zu lesen.

Schaut man genauer hin, erkennt man kurze Ausschläge der Augen in Richtung Gurtkampf. Zack hin, Zack zurück.

Und noch etwas erkennt man. Der Gesichtsausdruck des Zeitungslesers stimmt nicht. Es ist nicht der Ausdruck eines Menschen, der konzentriert Zeitung liest, es ist der Gesichtsausdruck eines Menschen, der Zeitunglesen spielt. Ja, genau, ich lese hier gerade ganz, ganz intensiv in meiner Zeitung. Oh, das ist ja so wahnsinnig interessant, was hier steht. Hoffentlich schaffe ich das alles bis zur Landung. Da muss ich mich aber ganz doll auf das Zeitunglesen konzentrieren. Ich nehme überhaupt nichts mehr wahr außer meiner Zeitung.

Erkennbar wird dieses Schmierentheater durch einen seltsam feinen Zug um Mund- und Augenpartie. Aufgelöste Versammlung. So ganz kurz vor Ausbruch eines zufriedenen Lächelns.

Es ist auch Zufriedenheit, die sich bei den voyeuristischen Heimlichguckern breitmacht.

Was für ein wunderbares Programm wird mir geboten. Putzig, wie sich der Dicke reckt und streckt und wie er zerrt und schwitzt und schnauft und keucht, wirklich putzig.

Ah, es wird ja noch besser – die Stewardess reicht den Gurtverlängerer. Na, mal sehen, ob das reicht. Was für einen Umfang dieses Monster hat, unglaublich, da lob ich mir doch meine schlanke Taille, ich zieh mal eben an meinem Gurt – herrlich, ich kann den Gurt noch enger machen, ohne dass es drückt. Ja, mein Körper ist schon klasse. Aber dieser Fettkloß da drüben, widerlich, ich fände es richtig, wenn solche Typen zwei Tickets bezahlen müssten. Ach ja, ein richtig schöner Tag heute.

Aufführungen dieser Ekelposse gehören übrigens zum Bordprogramm in allen drei Buchungsklassen.

Ich habe diese Festspiele hämischer Eitelkeit in der Holzklasse genauso erlebt wie in Business und First Class.

Einziger Unterschied: In der Holzklasse werden keine Zeitungen verteilt. Wenn Sie also das nächste mal Holzklasse fliegen – Zeitung mitnehmen. Sie könnten sonst etwas verpassen.

Es sei denn, Sie sind eher der knallharte Typ und schauen sich den Gurtkampf auch ohne Deckung an. Das würde Sie mir irgendwie sympathisch machen, ehrlich.

Von diesen Gurtverlängerern sind bei Langstreckenflügen immer acht Stück an Bord. Vier für die Economy, jeweils zwei für Business und First. Sollte reichen, meint die Lufthansa, verspricht aber, eventuellen Mehrbedarf schnell besorgen zu können.

Der Bedarf an diesen Verlängerungsgurten ist übrigens seit Jahren konstant geblieben. Deuten Sie das bitte nicht als Widerspruch zum kontinuierlichen Anstieg des statistischen Durchschnittsgewichts. Nein, die Bevölkerung wird wirklich dicker. Dass das nicht mit einer höheren Anzahl der mitgeführten Gurtverlängerer kompensiert werden muss, liegt daran, dass Flugzeugsitze mitgewachsen sind. Parallel zur Bevölkerungsentwicklung hat die Lufthansa bei ihren Passagieren Steigerungen bei Größe und Gewicht festgestellt und mit der Entwicklung neuer Sitzgenerationen entsprechend reagiert.

Trotz schwererer Passagiere und größerer Sitze erhöht sich das Gesamtgewicht der Flugzeuge übrigens nicht. Die Entwicklung und Verwendung leichterer, trotzdem ausreichend robuster Materialen schaffen den notwendigen Ausgleich.

Die tun also was beim Kranich, ohne groß zu meckern. Das finde ich gut. Wobei ich glaube, dass das bei anderen Airlines ähnlich aussieht. Die wären ja blöd, wenn sie sich nicht an die ganz schön schwere neue Welt anpassen würden.

Ach ja – um das vorsichtshalber mal klarzustellen, ich kriege jetzt auch keinen Stapel First Class Tickets von der Lufthansa, weil ich so oft »Lufthansa« geschrieben habe. Ich kriege überhaupt nix, was aber nicht heißen soll, dass ich das nicht schade finde, keinen Stapel First Class Tickets zu kriegen. Das werden Sie verstehen. Aber so ist es nun mal. Die müssen halt auch rechnen, so einen dreiachtziger Airbus zahlen die auch nicht aus der Portokasse, könnte ich mir vorstellen. Ich bin ja schon froh, wenn ich bequem sitzen kann.

Das mit der häufigen Nennung liegt einfach dran, dass der Lufthansa-Pressesprecher ein sehr freundlicher Mann ist und meine Fragen sorgfältig beantwortet hat. Hätte er das nicht getan, weil er zu viel zu tun hatte oder keine Lust oder die Fragen doof fand, würde hier halt Air Berlin oder Singapore Airlines oder Emirates stehen. Recherchealltag.

(Puh, jetzt mache ich aber den Breiten. Mein Alltag hat mit Recherche in etwa so viel zu tun wie mit Neurochirurgie. Also gar nichts. Ich hatte ein paar Fragen, und die hat mir jemand beantwortet. Aus. Ekelhaft, dies Gespreize. Manchmal geht es wirklich durch mit mir. Recherchealltag. Aber Hallo.)

Schwamm drüber. Wir haben alle unsere Schwachstellen.

Interessant fand ich auch die Zahlen bei den elektrisch verstellbaren Flugzeugsitzen in der Business und First.

Getestet und spezifiziert sind die Dinger bis zu einem Körpergewicht von einhundertdreißig Kilo und einer Körpergröße bis ein Meter fünfundneunzig.

Da ist noch Luft für die meisten von uns. Beruhigend zu wissen, dass da jemand am Puls der Zeit lebt, nicht wahr?

Es gibt also wirklich Menschen, die es gut meinen mit Dicken.

Die etwas für sie tun, anstatt auf sie einzuprügeln.

Wunderbare Menschen. Klug, engagiert, mitfühlend, mit phantastischem Takt- und Fingerspitzengefühl.

Sie denken nach. Sie fühlen sich ein. Sie bauen bequeme Flugzeugsitze.

Und manche schreiben sogar Bücher.

Ich zum Beispiel.

Die Welt ist nicht so schlecht, wie wir glauben.

Dicker Dank

Lieber Markus Karsten,

wer sich ins Fernsehen begibt, muss damit rechnen, dass er gesehen wird.

Genau so haben wir uns kennengelernt. Ich begab mich, Sie sahen.

Und hörten wohl auch. Begründeten Sie doch Ihr Interesse als Verleger an meiner Person mit dem, was ich in einer Sendung von Frank Plasberg zum Besten gab.

Ihr daraus resultierender Vorschlag, ein Buch zum Thema »Dick« zu schreiben, hat mich damals irritiert. Warum über ein Thema schreiben, das mich nicht die Bohne interessiert?

Gleichzeitig – und das lag an der Art, wie Sie Ihr Anliegen vortrugen, so können wohl nur Verleger Anliegen vortragen – haben Sie Neugier in mir erweckt: Das Thema interessiert mich zwar nicht die Bohne, aber es könnte doch sein, dass es noch etwas zu entdecken gibt.

Ja, es gab noch etwas zu entdecken. Die Beschäftigung mit dem noch Entdeckten hat Spaß gemacht, viel Spaß sogar. »Dick« ist ein grandioses Thema. Satire pur und ebensolche

Verlogenheit, in diesem Spektrum lässt sich so manche unterhaltsame Stunde verbringen.

Sie haben es geahnt.

Ich möchte mich – und ich tue es hiermit – bei Ihnen bedanken. Für die Ahnung, die Sie hatten, und für das, was danach kam.

Dicke Grüße
von Ihrem
R. H.

Liebe Beate Koglin,

Sie waren die erste Frau in meinem Leben, die das, was ich von mir gegeben habe, lektoriert hat.

Es gab übrigens auch keinen Mann, der mich Vergleichbares hätte erleben lassen.

Ohne Sie hätte ich wohl nie erfahren, was zum Beispiel eine Normseite ist.

Mein Horizont hat sich geweitet.

Ein schönes Gefühl.

Dafür dankt Ihnen von Herzen

Ihr
R. H.

Dicke Beschwerde

Lieber Markus Karsten,

eigentlich ein Wunder, dass ich noch mit Ihnen rede.

Begannen Sie doch unser erstes Gespräch in Berlin mit einer veritablen Unverschämtheit.

Ihnen habe – so dozierten Sie munter drauf los, die Gabel schwungvoll in der Pasta drehend –, Ihnen habe das Selbstbewusstsein imponiert, mit dem ich in der Sendung von Herrn Plasberg über das Dicksein an sich und in meinem persönlichen Fall gesprochen hätte.

Lieber Markus Karsten. Auch dicke Menschen können selbstbewusst sein. Merken Sie sich das bitte.

Ich habe damals nur deshalb nichts gesagt, weil ich geahnt habe, dass dieser impertinente, dünne Mensch auf der anderen Seite des Tisches, also Sie, wohl erst ein ganzes Buch zu diesem Thema lesen muss, bevor er kapiert, dass auch dicke Menschen selbstbewusst sein können, und ein für alle Mal damit aufhört, dicke Menschen zu beleidigen, indem er ihnen erzählt, wie sehr ihm doch ihr Selbstbewusstsein imponiert habe.

Das ist der wahre Grund, warum ich dieses Buch geschrieben habe. In Ihrem eigenen Interesse sollten Sie nicht darüber sprechen.

Ihr
R. H.

PS. Ich habe gehört, es soll tatsächlich selbstbewusste Menschen geben, die schlank sind. Unfassbar. Wie schaffen die das bloß? Hypnose? Oder doch Drogen?

Sie sollten ein Buch dazu machen. Wozu sind Sie Verleger?

WESTEND

Cem Ekmekcioglu
50 einfache Dinge, die Sie über das Altern wissen sollten

240 Seiten. Gebunden

Verjüngungspillen und Anti-Aging-Hormone – Experten und Pseudoexperten versprechen uns immer wieder das Blaue vom Himmel, wenn es darum geht, den Alterungsprozess zu beeinflussen. Und wir schenken ihnen oft Glauben, denn der Wunsch nach Unsterblichkeit gehört zu den ältesten Wünschen der Menschheit überhaupt. Aber was genau ist Altern eigentlich? Was passiert in unserem Körper, wenn die Jahre unaufhörlich voranschreiten? Welchen Einfluss haben Prozesse des Alterns auf unseren Geist, unsere Gefühle und unsere Seele – sprich, auf unser Leben? Cem Ekmekcioglu, Professor für Physiologie an der Universität Wien, behandelt die wichtigsten Aspekte zum Thema Altern, etwa was es mit der inneren Uhr auf sich hat, welche physiologischen Vorgänge im Verlauf der Jahre im Körper stattfinden oder warum Frauen länger leben als Männer. Ebenso diskutiert er die Probleme, aber auch die Chancen des Alterns und zeigt, was wir tun können, um lange und gesund zu leben. Denn »ein bis zwei Jahrzehnte mehr sind drin«!

11/1010/01/R

WESTEND

Sven Plöger
Gute Aussichten für morgen

Wie wir den Klimawandel für uns nutzen können. 368 Seiten.
Gebunden

Der Klimawandel ist nicht mehr abzuwenden. Aber wir müssen verstehen, welche Auswirkungen er auf unser Leben haben wird. Sachliche Unkenntnis und Lobbyismus verschiedener Interessengruppen aus Wirtschaft, Wissenschaft, Politik und Medien haben jedoch zu einer verwirrenden Vielfalt an Meinungen geführt. Sven Plöger zeigt, wie diese Einzelinteressen überwunden werden können. Und er macht den Blick frei für die Möglichkeiten, die sich uns eröffnen, wenn wir den Klimawandel als Herausforderung begreifen und endlich handeln.

»Sven Plöger ist ein Buch gelungen, das zugleich informiert, unterhält und zum Handeln motiviert.«
Dr. Andreas Fink, Klimaforscher an der Universität Köln

»Neben den wissenschaftlichen Erkenntnissen zeigt Sven Plöger, wie Politik, Wirtschaft und Medien die aktuelle Debatte beeinflussen. Sein Buch ist ein konstruktiver Beitrag auf dem Weg in eine bessere Zukunft.«
Ranga Yogeshwar, Wissenschaftsjournalist und Moderator

11/1004/01/L

Cem Yildiz

Fucking Germany

Das letzte Tabu oder mein Leben als Escort. 224 Seiten.
Klappenbroschur

Cem ist professioneller Escort. Er lässt sich für Sex bezahlen.
Seine Kundschaft sind hauptsächlich Männer. Ab hundert
Euro kostet es, sich eine Stunde lang die Bedürfnisse nach
schnellem Sex, nach Erniedrigung und Autorität, nach Zu-
wendung und Geborgenheit befriedigen zu lassen. Gänzlich
unbekannt sind die Ausmaße dieses speziellen Zweiges der
Dienstleistungsbranche, der hohe Grad an Organisiertheit
sowie die Vielfältigkeit der Kundschaft: Manager, Messe-
besucher, die Parfümverkäuferin, Hartz-IV-Empfänger
oder der nette Papa von nebenan. Cem erzählt aus einer
Welt, in der Exzesse, Gewalt, Drogen, aber auch grenzenlose
Hoffnungslosigkeit herrschen und in der zwischen Pissoir,
Hotelsuite, verzweifelten Strichjungen und Drei-Sterne-
Escorts alles vertreten ist. Ein Insiderbericht, der unter die
Haut geht.

11/1011/01/R

Achtung!
Klassik Radio
löst Träume aus.